DIMITER INKIOW
IST DIE ERDE RUND?

Illustriert von Michaela Reiner

Ein Sonnenstrahl auf großer Fahrt

Eine Geisterreise um die Welt

Die Abenteuer von Plimp und Plomp

EIN SONNENSTRAHL AUF GROSSER FAHRT

Inhalt

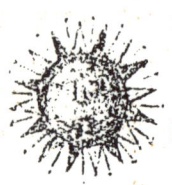
Ein Sonnenstrahl auf großer Fahrt

Polarwind und Wüstenwind streiten sich 9

Die Sonne will wissen, wie sie aussieht 15

Sind die Sonnenflecken eine Krankheit? 22

Der Lichtstrahl springt in ein Sonnenteleskop 28

Zwei Astronomen fallen fast in Ohnmacht 33

Was haben Benzin und Erdöl mit der Sonne zu tun? 42

Zwei Teller voller Sonnenstrahlen 46

Polarwind und Wüstenwind streiten sich

Einmal stritten ein kalter und ein warmer Wind darüber, wer von ihnen der schnellste und stärkste auf der Welt sei. Der Streit war so heftig, daß sich die Bäume auf der Erde bogen und die Schiffe in Seenot gerieten.

„Ich bin der schnellste und auch der stärkste auf der Welt", heulte der kalte Wind. „Wenn ich eiskalt über der Nordsee tobe, gefriert das Wasser. Schiffe bleiben dann unbeweglich im Eis stecken. Gib zu, daß du so etwas nicht kannst!"

„Aber ich bin im Süden stärker", antwortete der warme Wind. „Wenn du mit mir in den Süden fliegst, wirst du dich wundern, was ich alles kann. Ich bin stärker als du! Wenn ich einen Hurrikan bilde, dann zerstöre ich Häuser und reiße Bäume aus ... Ich fliege mit

einer Geschwindigkeit von 400 Kilometern pro Stunde, und alle zittern vor mir. Komm, ich zeige es dir..."
Und der warme Wind pustete mit aller Kraft. Der Streit der beiden Winde entwickelte sich zu einer Naturkatastrophe.

Schließlich bemerkte die Sonne, daß auf der Erde etwas nicht stimmte. Was war dort los? Die Sonne schickte sofort einen Boten zur Erde: einen Lichtstrahl. Der sollte nachschauen und berichten.
Der Lichtstrahl flog wie befohlen. In 16 Minuten und 37 Sekunden kam er zurück. Woher ich das weiß? Weil die Erde im Schnitt 149 600 000 Kilometer von der Sonne entfernt ist. Und das Licht sich mit 300 000 Kilometern pro Sekunde bewegt.
Um diese Entfernung zu Fuß zurückzulegen, müßte ein Mensch, der 5 Kilometer pro Stunde zurücklegt, 3 415 Jahre und 6 Monate ununterbrochen Tag und Nacht gehen. Ohne zu schlafen. Ohne zu essen. Ohne eine Minute zu ruhen.

Und wenn man überlegt, daß ein Mensch durchschnittlich 70 Jahre lebt, dann müßte er 49mal hintereinander leben und dabei ununterbrochen laufen!
Mit einem Auto, bei einer Geschwindigkeit von 120 km, brauchte man für die Strecke über 142 Jahre Fahrt. Und mit einem Flugzeug, das 1 000 Kilometer pro Stunde fliegt, über 17 Jahre.
Ein langer Weg, nicht wahr?

3415 JAHRE

142 JAHRE

17 JAHRE

Die Sonne will wissen, wie sie aussieht

„Erzähle", sagte die Sonne zum Lichtstrahl. „Was ist auf der Erde los?"
„Zwei Winde haben Streit", erklärte der Lichtstrahl. „Zwei dickköpfige Winde streiten darüber, wer von ihnen der stärkste und der schnellste ist. Der eine ist ein eiskalter Polarwind, der zweite ein warmer Wüstenwind. Jeder behauptet, der stärkste der Welt zu sein."
„Wissen die beiden nicht, daß sie Brüder sind und ihre Kraft von mir haben?"
„Das glaube ich nicht. Sie sahen ziemlich dumm aus. Jeder protzte mit seiner Kraft und tobte wie verrückt. Jemand, der klug ist, protzt nicht mit seinen Kräften. Stark oder schwach zu sein – das ist ja kein Verdienst."
„Das stimmt", strahlte die Sonne. Dann fragte sie: „Du hast dich um eine Sekunde verspätet. Jeder Sonnenstrahl, den ich zur Erde schicke, nimmt die Entfernung von 149 600 000 Kilometern in 8 Minuten und 18 Sekunden. 8 Minuten und 18 Sekunden

hin, 8 Minuten und 18 Sekunden zurück. Macht zusammen 16 Minuten und 36 Sekunden. Du brauchtest eine Sekunde länger. Warum?"

„Ich brauchte eine Sekunde mehr, weil ich mir die Streithähne aus der Nähe ansehen wollte. In dieser Sekunde habe ich die Erde siebeneinhalbmal umkreist. Sie hat ja einen Umfang von 40 000 Kilometern. Das war keine Kleinigkeit für mich. Weil Lichtstrahlen normalerweise nur geradeaus fliegen. Mir ist dabei ganz schwindlig geworden."

„Verstehe", sagte die Sonne. „Bei 300 000 Kilometern pro Sekunde, der größten Geschwindigkeit, die es überhaupt gibt, ist das ja kein Wunder."

„Jetzt habe ich meine Arbeit getan. Ich muß jetzt weiter. Auf Wiedersehen!"

Der Lichtstrahl wollte wegfliegen, aber die Sonne hielt ihn fest. Sie sagte: „Warte! Warte!"

„Laß mich los! Warum soll ich warten?"

„Weil ich es will. Vergiß nicht, du gehörst mir."

„Ich bin nicht dein Sklave."
„Du bist mein Kind."
„Jedes Kind verläßt irgendwann das Elternhaus und geht seiner Wege. Ich brenne schon vor Ungeduld, von dir wegzufliegen."
„Wohin?"
„Ins Weltall. Es gibt dort sicher viel Neues zu entdecken und zu sehen."
„Das hängt davon ab, in welche Richtung du fliegst. Es kann passieren, daß du Millionen und Millionen Jahre ins Leere fliegst und nirgendwo hinkommst. Dann wirst du ein ganz langweiliges Leben haben."
„Das wäre ja schrecklich", entsetzte sich der Lichtstrahl. „Millionen Jahre in der Dunkelheit fliegen, ohne anzukommen?"
„Das passiert den meisten Sonnenstrahlen."
„Aber warum?" fragte der Lichtstrahl.
„Weil alles um uns herum, das heißt das Universum, aus einer riesigen Leere besteht. Nur hier und da ist mal ein Stern, der aus der Nähe groß aussieht. In den unvorstellbaren Entfernungen verschwindet er aber wie ein Sandkorn in einem Ozean."

„Du hast mir schon Angst gemacht. Was weißt du noch über das Universum?"

„Daß es unendlich groß ist. Und daß es Millionen Sonnen gibt wie mich. Aber keine hat einen so schönen Planeten wie die Erde."

„Bist du dir da sicher?"

„Fast. Ich habe sehr oft mit Lichtstrahlen gesprochen, die aus Millionen Lichtjahren Entfernung zu mir kamen. Ich schickte sie zur Erde. Und sie bestätigten mir später, daß sie nie so etwas Schönes auf ihrem Weg durch das Universum gesehen hatten."

„Was ist unendlich?" fragte der Lichtstrahl. „Vorhin hast du gesagt, das Universum sei unendlich groß."

„Unendlichkeit bedeutet, daß du ewig fliegst und nirgendwo ankommst. Und das mit 300 000 Kilometern pro Sekunde. Unendlich sind zum Beispiel die Zahlen, weil du zu jeder Zahl noch eine dazu addieren kannst. Kannst du dir das vorstellen?"

„Nein", seufzte der Lichtstrahl. „Vielleicht bin ich dumm?"

„Sei unbesorgt. Das kann sich kaum jemand vorstellen", beruhigte ihn die Sonne, „ich auch nicht."

Der Sonnenstrahl fragte: „Soll ich jetzt wieder zur Erde fliegen?"

„Noch nicht. Ich möchte dich vorher um einen anderen Gefallen bitten. Fliege um mich herum, und erzähle mir dann, wie ich aussehe! Um mich selber sehen zu können, brauche ich einen Spiegel. So einen Spiegel habe ich nicht. Darum bin ich sehr gespannt, was du mir erzählen wirst."

„Na gut", sagte der Lichtstrahl. „Das mache ich gern."

Und er flog blitzschnell mehrmals um die Sonne herum.

Sind die Sonnenflecken eine Krankheit?

„Na, wie sehe ich aus?" fragte die Sonne ungeduldig.
„Gut siehst du aus. Groß und rund."
„Rund steht mir gut, nicht wahr?"
„Ich finde, ja. Du bist aber ziemlich eitel. Stimmt's?"
Die Sonne sagte beleidigt: „Wie kommst du auf die Idee?"
„Weil dir dein Aussehen so wichtig ist."
„Das ist nur, weil Milliarden Menschen mich jeden Tag sehen. Sie wachen auf, und als erstes schauen sie zum Himmel. ‚Ist es heute sonnig? Ist das Wetter schön?' fragen sie.

Früher haben sie mich sogar vergöttert. Die alten Ägypter nannten mich ‚Sonnengott Ra'. Damals wußten sie noch nicht, daß die Erde rund ist und sich dreht. Wenn ich abends vor ihren Augen im Meer verschwand, dachten sie, ich sterbe. Und sie meinten, ich würde jeden Morgen aufs neue geboren. Das freute sie.

Auch für die alten Griechen war ich ein Gott. Sie nannten mich Apollo. Die alten Inkas brachten mir sogar Menschenopfer dar, was ich sehr schlimm fand. Wenn man dich so vergötterte wie mich, dann würdest du dir auch Gedanken um dein Aussehen machen."

„Ich dachte, in deinem Alter wäre dir das schon egal. Du bist doch sicher nicht mehr die Jüngste."

„Also bitte! Ich bin ein Stern im besten Alter! Ich bin erst runde 5 Milliarden Jahre alt. Für einen Stern sind das die besten Jahre. Ich werde noch so um 10 Milliarden Jahre leben, bevor ich immer kälter und kälter werde und mich schließlich in eine Art Stein verwandele."

„Passiert das den anderen Sternen auch?"
„Sicher. Die Sterne werden geboren und sterben – wie alles auf der Welt. Es gibt Millionen erkaltete Sterne, die durchs Weltall fliegen."
„Ich glaube, du fängst schon an, da und dort kalt zu werden", meinte der Lichtstrahl.
Die Sonne fragte besorgt: „Wirklich? Habe ich etwa schon Falten im Gesicht?"
„Falten nicht, aber dunkle Flecken. Einige habe ich bei meinem Flug um dich herum schnell gemessen. Sie waren fast so groß wie der Erdumfang – vierzigtausend Kilometer."
„Sind es viele?"
„Ich habe sie nicht gezählt", sagte der Lichtstrahl und erklärte weiter: „Sonst bist du überall sehr hell. Du strahlst sehr viel Wärme und Licht aus. Aber da, wo die Flecken sind, bist du weniger warm."
„Mein Gott, ich habe Sonnenflecken... Sonnenflecken!" seufzte die Sonne besorgt. „Was mache ich jetzt?"
„Du hast sie vielleicht schon immer gehabt und nur nichts davon gewußt, weil du dich

nie selber gesehen hast."

„Nein, nein ... Immer habe ich sie sicher nicht gehabt. Ich habe sie wahrscheinlich in letzter Zeit bekommen. Sonnenflecken ... Vielleicht ist das eine Art Krankheit? Wie wird es jetzt weitergehen?"

„Es ist ja vielleicht nichts Schlimmes."

„Nichts Schlimmes? Die Temperatur auf meiner Oberfläche ist überall zwischen 5 500 und 6 000 Grad. Bei solchen Temperaturen darf ich nirgendwo dunkle Flecken haben!"

„Das kann ich nicht beurteilen."

„Du verstehst von Sonnenkrankheiten nichts, das ist ja klar", meinte die Sonne verzweifelt. „Aber ich weiß, wer etwas davon versteht, wer mir sagen kann, ob ich krank bin oder nicht. Das sind die Menschen, die auf der Erde leben. Ich sagte dir ja schon, daß sie mich ununterbrochen beobachten. Sie haben auf den höchsten Bergen der Erde Sonnenbeobachtungsstationen errichtet.

Die nennen sie Sonnenwarten. Wissenschaftler beobachten mich von dort mit riesengroßen Fernrohren, die sie Teleskope nennen. Sie fotografieren mich, messen meine Wärme und Strahlung. Die wissen mehr über mich als ich selber. Bitte, fliege dorthin, und schau dich um. Nur dort können wir erfahren, ob meine Flecken etwas Gefährliches für mich sind. Oh – mir wird schlecht, wenn ich daran denke. Mir wird schlecht ..."
„Ich fliege sofort", sagte der Lichtstrahl. „Und wenn ich mehr weiß, komme ich zurück."

Der Lichtstrahl springt in ein Sonnenteleskop

Seine Aufgabe stellte sich aber als viel schwieriger heraus, als der Lichtstrahl gedacht hatte. Er überflog mehrmals die höchsten Berge, fand dort Hunderte von Hotels und Berghütten, aber keine Sonnenbeobachtungsstation.
Wen sollte er fragen?
Da traf er die beiden streitlustigen Winde. Sie tobten immer noch um die Wette.
„Halt! Stoppt diesen Wahnsinn!" rief der Lichtstrahl ihnen zu.
„Ich halte nur an, wenn der Polarwind zugibt, daß ich der stärkste und schnellste der Welt bin!" rief der warme Wind.
„Und ich..., ich halte umgekehrt nur an, wenn der warme Wind zugibt, daß ich der stärkste und schnellste der Welt bin!" heulte der Polarwind.
„Ich muß euch aber was fragen."
„Wir haben jetzt keine Zeit!"
„Ihr müßt mir helfen! Es geht um die Sonne.

Sie ist krank."
Jetzt wurden die beiden Winde still.
„Was sagst du da?"
„Die Sonne hat Sonnenflecken. Die sind für sie vielleicht der Anfang vom Ende. Sie wird vielleicht bald kalt werden."
„Das wäre ja schrecklich!" heulten die beiden Winde. Sie vergaßen ihren Streit und umarmten sich. Auf der Erde unter ihnen begann es zu regnen. Das waren ihre Tränen. Es goß in Strömen. Dabei wurde der warme Wind kälter und der Polarwind wärmer. Auf diese Weise haben sich beide beruhigt.
Der Lichtstrahl fragte: „Warum weint ihr so? Was habt ihr beide denn mit der Sonne zu tun? Seid ihr mit ihr verwandt?"
„Alles auf der Erde ist mit der Sonne verwandt", erklärten die Winde. „Wenn die Sonne stirbt, dann stirbt hier alles. Auch wir. Unsere Kraft kommt von der Sonne."
„Dann müßt ihr mir sofort helfen! Wir müssen herausfinden, ob die Sonnenflecken eine gefährliche Krankheit sind. Das können wir nur in einer Sonnenbeobachtungsstation."

„Woher weißt du das?"
„Das hat mir die Sonne erklärt. Sie sagte, die Menschen wüßten mehr über sie als sie selber. Die Sonnenbeobachtungsstationen sollen sich auf hohen Bergen befinden."
„Das stimmt", nickten die beiden Winde.
Der warme sagte: „Ich weiß, wo sich die wichtigsten Sonnenobservatorien der Welt befinden. Drei sind in Amerika: am Sacramento Peak, Kitt Peak und Mount Wilson. Von hier aus ist es am nächsten zum Kitt Peak. Dorthin sollten wir sofort fliegen."

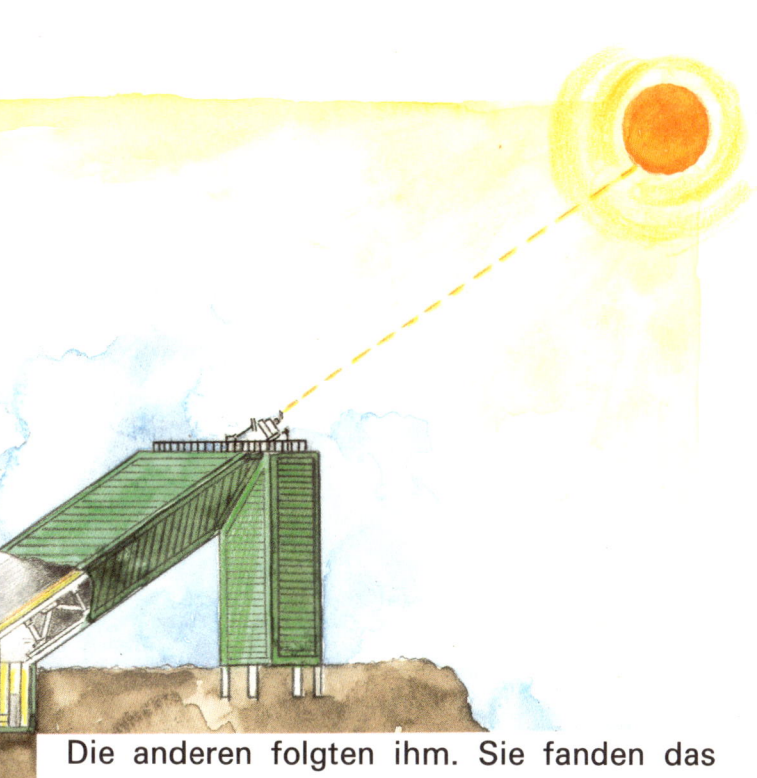

Die anderen folgten ihm. Sie fanden das Sonnenobservatorium auf einem 2 089 Meter hohen Berggipfel. Ein großes Sonnenteleskop, genannt Heliostat, folgte der Sonne am Himmel und reflektierte ihr Licht durch einen Spiegel in einem langen Tunnel. Ein weiterer Spiegel lenkte das Lichtbündel in einen Beobachtungsraum. Dort wurde das verkleinerte Bild der Sonne mit einem Durchmesser von 76 Zentimetern auf einem Bildschirm sichtbar.

„Warum machen sich die Forscher so viele Umstände?" wunderte sich der Lichtstrahl. „Warum beobachten sie die Sonne auf einem Bildschirm und nicht direkt?"

„Das kann ich dir erklären", heulte der Polarwind. „Das weiß ich zufällig. Die Sonne ist viel zu hell für die menschlichen Augen. Wenn ein Mensch mit bloßem Auge in die Sonne sieht, kann er erblinden. Das ist schon oft passiert, weil viele es nicht glauben und es immer wieder ausprobieren. Es gibt nicht nur kluge, es gibt auch viele dumme Menschen auf der Welt."

„Jetzt muß ich aber da rein", meinte der Lichtstrahl und zeigte in den Raum, in dem die Wissenschaftler arbeiteten.

„Wir können nicht hinein. Wir warten draußen auf dich", sagten die beiden Winde.

Sie begannen sich um Kitt Peak im Kreis zu drehen.

Der Lichtstrahl überlegte kurz und schlüpfte in das Sonnenteleskop hinein.

Zwei Astronomen fallen fast in Ohnmacht

Ihr könnt euch die Überraschung der zwei Astronomen vorstellen, als sie den Lichtstrahl auf dem Sonnenbild entdeckten.
„Dieser helle Fleck gehört nicht hierher!" sagte der eine.
„Stimmt", nickte der zweite. „Vielleicht ist mit dem Teleskop etwas nicht in Ordnung."
Jetzt sprach der Lichtstrahl mit menschlicher Stimme: „Ich bin kein Fleck! Ihr sollt mich nicht beleidigen. Ich bin ein Lichtstrahl!"
„Du gehörst aber nicht dorthin."
„Doch, doch..., ich bin ein Bote der Sonne."
„Ich werde verrückt! Ein Lichtstrahl, der spricht?"
Die beiden Astronomen schauten sich ungläubig an. Dann fingen sie an, ihre Ohren zu putzen. Sie putzten und hörten weiter die Stimme: „Normalerweise spreche ich nicht. Dies ist aber ein Notfall."
Der Lichtstrahl sprang aus dem Sonnenbild heraus und setzte sich auf den Tisch, mitten

auf das Heft, in das die beiden Wissenschaftler ihre Notizen machten. Und weil sie total sprachlos waren, fuhr er fort: „Da oben ist etwas Schreckliches passiert! Ihr werdet es vielleicht nicht glauben, aber die Sonne ist dem Zusammenbruch nahe."

„Warum denn?"

„Ihr fragt, warum? Sie hat Sonnenflecken! Riesengroße Sonnenflecken, so groß wie die Erde und viel dunkler als die normale Sonnenfläche. Sie denkt, das ist der Anfang vom Ende. Übrigens, ich habe die Flecken vor einigen Stunden selbst entdeckt, als ich die Sonne umkreiste."

„Sag mal ...", fragte jetzt der eine Astronom den anderen, „hörst du auch die Stimme, die ich höre?"

„Ich glaube ja. Und du?"

„Ich auch."

„Was sollen wir tun! Ich komme mir verrückt vor."

„Ich auch. Aber wir wissen ja beide, daß es die seltsamsten Dinge auf der Welt gibt. Denk an die Sterne, von denen das Licht nach

hundert Millionen Jahren zu uns kommt. Wenn so ein Stern plötzlich explodiert und verschwindet, würden wir es erst nach hundert Millionen Jahren sehen. Ist das nicht auch merkwürdig?"
„Stimmt. Aber ein Lichtstrahl, der spricht ... und der Fragen stellt?"

„Wir geben ihm Auskunft. Wir tun einfach so, als ob wir jeden Tag mit Sonnenstrahlen sprechen."

„Na gut. Wie du meinst."

„Das finde ich sehr vernünftig", meinte der Lichtstrahl. „Also – sind die Sonnenflecken für die Sonne etwas sehr Gefährliches?"

„Ach wo", sagte einer der beiden Astronomen. „Die Sonne hat seit langer Zeit Flecken. Das ist bewiesen."

„Wirklich?"

„Ja, die erste Beobachtung der Sonnenflecken machte ein deutscher Jesuitenpater, *Christoph Scheiner,* zwischen 1611 und 1625. Das heißt, vor über 370 Jahren. *Galileo Galilei,* der auch in jener Zeit lebte, veröffentlichte 1613 das Werk *Briefe über Sonnenflecken* und machte die Sonnenflecken überall bekannt."

„Das ist ja toll!" Der Lichtstrahl hüpfte vor Freude. „Das bedeutet, die Sonne hat keinen Grund, verzweifelt zu sein."

„Sag mal – machst du dich über uns lustig?"

„Warum sollte ich? Ich bin ein Bote der

Sonne. Sie ist ganz durcheinander, seit ich die Sonnenflecken auf ihrem Gesicht entdeckte. Sie wußte vorher nicht, daß sie Flekken hat. Das ist erklärlich, weil sie keinen Spiegel besitzt. Wüßtet ihr denn, wie ihr ausseht, wenn ihr euch niemals in einem Spiegel gesehen hättet? Ihr solltet ihre Sorgen verstehen."

„Das ist kaum zu glauben, das ist kaum zu glauben", stöhnten die beiden Astronomen.

„Was ist kaum zu glauben?" wollte der Lichtstrahl wissen.

„Das wir beide, erwachsene Menschen, zwei Astronomen, zwei Wissenschaftler, uns mit einem Lichtstrahl unterhalten. Das glaubt uns kein Mensch!"

„Mir würde auch kein Lichtstrahl glauben, daß ich mit euch gesprochen habe! Anstatt hier bei euch zu hocken, sollte ich schon längst im Weltall unterwegs sein. Wir Lichtstrahlen sind sehr beschäftigt."

„Womit?"

„Mit Fliegen. 300 000 Kilometer pro Sekunde ist eine berauschende Geschwin-

digkeit. Bei so einer Geschwindigkeit hat man keine Zeit nachzudenken."
„Das können wir verstehen."
„Würdet ihr auch gern mit meiner Geschwindigkeit fliegen?"
Die beiden Astronomen nickten eifrig: „Und wie gerne ...! Dann könnten wir etwas ausprobieren, was theoretisch von Einstein schon bewiesen ist. Nämlich, daß bei großen Geschwindigkeiten die Zeit langsamer vergeht."
„Wie soll ich das verstehen?"
„Die Zeit wird langsamer, weil alle physikalischen und chemischen Prozesse dann langsamer verlaufen. Das kann bedeuten, daß ein Astronaut, der mit dieser Geschwindigkeit nach seiner Uhr ein Jahr lang im Weltall fliegt und zur Erde zurückkommt, plötzlich seinen Sohn, den er vor dem Abflug als Baby gesehen hat, bei der Landung als Opa vorfindet."
„Das ist ja unglaublich!"
„Es ist aber so. Die Relativitätstheorie von Einstein sagt: Wenn du mit einer Geschwin-

digkeit von 300 000 km pro Sekunde dich fortbewegst, also mit Lichtgeschwindigkeit, dann bleibt die Zeit für dich stehen."

„Jetzt bin ich ja beruhigt ...", seufzte der Lichtstrahl. „Ich habe mir schon Sorgen gemacht, daß es mir langweilig würde, Millionen von Jahren im Weltall zu fliegen ohne irgendwo anzukommen. Jetzt weiß ich, das ist gar nicht schlimm. Ich werde es gar nicht merken."

„Genau so ist das."

„Das werde ich der Sonne erzählen! Sie wird sich wundern", sagte der Lichtstrahl. Er sprang vom Tisch und begann die Sonnenfotos anzuschauen, die überall an den Wänden hingen.

„Ich möchte euch noch etwas fragen: Warum beschäftigt ihr Menschen euch so sehr mit der Sonne? Sie ist doch so weit weg. Was habt ihr mit der Sonne zu tun? Oder macht ihr das aus lauter Langeweile?"

„Nein, nein!" protestierten die beiden Astronomen sofort. „Wir Menschen haben mit der Sonne sogar viel zu tun. Wir sind sozusagen in gewisser Hinsicht ihre Kinder."

„Ihre Kinder? Ihr seid doch keine Sonnenstrahlen!"

„Stimmt. Aber die Sonnenstrahlen machen das Leben auf der Erde möglich. Alles, was auf der Erde wächst, gedeiht und sich bewegt, kann das nur mit der Energie der Sonne. Unser Essen – das sind verpackte Sonnenstrahlen."

„Das ist ja höchst interessant. Das möchte ich sehen!"

„Du brauchst nur über die Erde zu fliegen und in einem Obstgarten zu landen. Dann kannst du beobachten, wie die Sonnenstrahlen auf die Bäume fallen. Die grünen Blätter der Bäume nehmen sie auf und binden sie mit einem Stoff, der heißt Chlorophyll. So wächst der Baum. Einige Sonnenstrahlen werden dann in seinen Früchten verpackt. Je nach der Baumart kann man verpackte Sonnenstrahlen als Äpfel, Birnen, Zwetschgen, Pfirsiche oder Apfelsinen auf dem Markt kaufen. Sie schmecken alle verschieden, aber in Wirklichkeit bestehen sie alle – aus

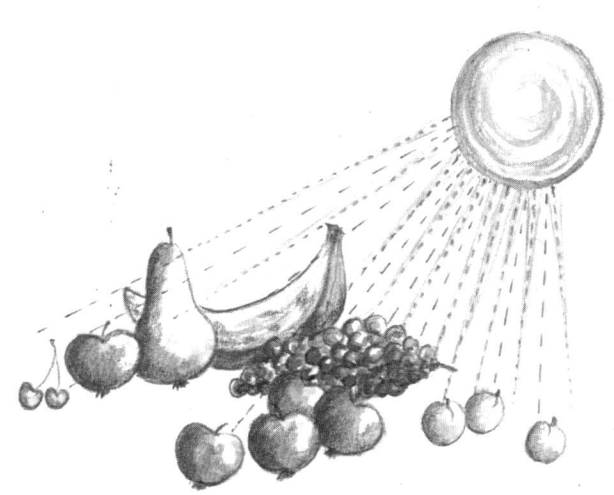

Sonnenstrahlen. So ist das mit allem, was du auf der Erde siehst."
„Das ist sehr spannend", sagte der Lichtstrahl. „Habt ihr nicht Zeit, um mit mir mitzukommen? Ich finde, ihr seid tolle Gesprächspartner! Ich glaube kaum, daß jemand anders mir alles so gut erklären kann wie ihr."
Was sollten die beiden Astronomen tun?
Wir werden verrückt, wir drehen durch, dachten sie – und ließen alles stehen, um mit dem neugierigen Lichtstrahl zu gehen und ihm die Erde zu erklären!

Was haben Benzin und Erdöl mit der Sonne zu tun?

Sie öffneten die Tür – und schreckten schnell wieder zurück. Orkanartige Winde bliesen ihnen ins Gesicht. Draußen um Kitt Peak war der Teufel los!

„Warum gehen wir nicht?" fragte der Lichtstrahl ungeduldig.

„Bei diesem Wetter?" antworteten die beiden Astronomen. „Unmöglich! Der Wind würde uns umwerfen oder in die Luft schleudern."

„Oh, die hatte ich fast vergessen. Es sind die beiden Winde, die auf mich warten. Ich schicke sie jetzt zurück."

Der Lichtstrahl sprang durch das Fenster nach draußen und rief: „Freunde, ich brauche euch nicht mehr! Ich habe noch etwas Wichtiges zu erledigen."

„Und was ist mit der Sonne?" fragten die beiden Winde. „Ist sie richtig krank?"

„Überhaupt nicht. Sonnenflecken hatte sie schon vor langer langer Zeit. Die Menschen

wissen es seit dreihundertsiebzig Jahren."
„Juhuuuuu!" heulten die Winde vor Freude.
„Juhuuuuu!" Und sie flogen weg.
Jetzt beruhigte sich das Wetter. Die beiden Wissenschaftler konnten mit dem Lichtstrahl hinausgehen.
„Wir haben aber nicht viel Zeit", erklärten sie. „Nur eine Stunde, unsere Mittagspause."
„Das genügt. Weil ich sehr schnell denken kann. Genauso schnell, wie ich mich bewegen kann. Ich bin der Schnellste der Welt!"
„Du bist *einer* der Schnellsten der Welt."
„Wieso einer?"
„Die Radiowellen bewegen sich auch mit 300 000 Kilometer pro Sekunde fort. Deshalb kann man in Europa im Fernsehen sofort sehen und hören, was in Amerika gesprochen und gesendet wird. Der elektrische Strom ist genauso schnell."
Sie stiegen in ein Auto, und der neugierige Lichtstrahl sagte: „Jetzt bin ich gespannt zu hören, wie die Sonne dieses Auto bewegt. Wo sind hier die Sonnenstrahlen?"
„Im Benzintank."

„Zeigt mal!"
Sie öffneten den Benzintank. Der Lichtstrahl steckte seinen Kopf hinein.
„Hier ist es ja dunkel! Und es stinkt fürchterlich. Ich sehe keine Sonnenstrahlen."
Jetzt kamen plötzlich Stimmen aus dem Benzintank: „Hier sind wir, hier! Im Benzin. Wir sind im Benzin verpackt. Wir, die Sonnenstrahlen."
„Und ihr bewegt das Auto?"
„Jaaa! Wenn wir im Motor verbrennen, bewegen wir seine Kolben. Und die Kolben geben die Bewegung weiter an die Räder."
„Gut. Aber wer hat euch so verflüssigt?" fragte der Lichtstrahl. „Ich bin ein Bote der Sonne. Ich komme direkt von der Sonne her. Aber auf der Sonne habe ich noch nie flüssige Sonnenstrahlen gesehen!"
Die Sonnenstrahlen vom Benzintank erklärten: „Das ist eine lange Geschichte. Wir haben vor Millionen von Jahren die Sonne verlassen. Wir kamen auf die Erde, und da passierte uns etwas, was tagtäglich vielen Sonnenstrahlen passiert – wir wurden von

Bäumen gefangengenommen. Die verpackten uns in ihre Stämme. Als die Bäume starben, fielen die Stämme aufeinander. Zu der Zeit war die Erde noch jung. Es gab oft Erdbeben. Meere bewegten sich, entstanden oder verschwanden. So landeten die Stämme unserer Bäume eines Tages auf dem Meeresgrund. Darüber lagerte sich Schlamm ab. Immer mehr. Das drückte ziemlich. Durch den gewaltigen Druck verwandelten sich die toten Pflanzen in Erdöl – eine schwarze, schmutzige Flüssigkeit. Wir schämten uns sehr: wir, die schönen, warmen Sonnenstrahlen – in eine so häßliche Flüssigkeit verwandelt! Bis auf einmal die Menschen uns auf die Erdoberfläche heraufpumpten. Sie nannten uns „flüssiges Gold", was sehr schön klingt. Sie verwandelten uns von Erdöl in Benzin. Und jetzt treiben wir ihre Autos an."

„Das heißt, die Sonne treibt ihre Autos an...", meinte der Lichtstrahl. „Daß so etwas möglich ist, hätte ich mir nie vorgestellt."

Zwei Teller voller Sonnenstrahlen

Sie fuhren los und kamen bald in eine Stadt. Es war Mittag, und die Wissenschaftler sagten zu dem Lichtstrahl: „Wir haben Hunger. Wir müssen etwas essen."
„Was ist das – Hunger?"
„Das heißt, daß unser Körper Sonnenstrahlen braucht. Jedes lebendige Wesen muß essen, um zu leben und auch um sich zu bewegen."
„Auch ihr bewegt euch durch die Kraft der Sonnenstrahlen?"
„Natürlich! Das haben wir dir schon gesagt."
Der Lichtstrahl schaute um sich und meinte: „Die Sonne scheint. Die Luft ist voll mit Sonnenstrahlen. Also macht den Mund auf und eßt!"
„So einfach geht das nicht. Wir werden in einem Restaurant essen."
„Was ist das – ein Restaurant?"
„Das wirst du gleich sehen."

Als der Kellner das Essen brachte – gegrilltes Fleisch, Pommes frites und Salat, dazu Apfelsaft –, fragte der Lichtstrahl: „Wo sind hier die Sonnenstrahlen?"
„Hier, hier", kam es aus beiden Tellern. „Erkennst du uns nicht?"
„Nein. Ihr habt euch aber sehr verwandelt!"
„Das war so", erklärten als erste die Fleisch-Sonnenstrahlen, „wir kamen vor zwei Jahren aus der Sonne. Wir fielen auf eine Wiese. Das Gras verschluckte uns sofort. So wurden wir

zu Gras. Einen Monat später wurde das Gras von einem Kalb gefressen. Da lagen wir plötzlich, verpackt in seinem Fleisch, auf seinem Rücken. Eines Tages wurde das erwachsene Rind geschlachtet – und jetzt sind wir plötzlich hier, in diesem Steak. Was weiter mit uns geschehen wird, ist uns ein Rätsel."

„Und wir, wir wurden vor einem Jahr von einer Kartoffelpflanze gefangengenommen!" riefen die Sonnenstrahlen aus den Pommes frites.

„Uns erging es ähnlich", meinten die Sonnenstrahlen aus Salat und Apfelsaft.

„Wie geht es der Sonne? Hast du Neuigkeiten von ihr?"

„Danke der Nachfrage", konnte der Lichtstrahl nur kurz antworten. „Ihr geht es gut!" Bald hatten seine beiden Begleiter ihre Steaks samt Pommes frites und Salat aufgegessen und den Apfelsaft ausgetrunken.

„Was passiert jetzt mit den armen Sonnenstrahlen?" fragte der Lichtstrahl.

„Nichts Schlimmes. Sie werden uns ihre Energie abgeben."

„Werden sie dabei für immer verschwinden?"
„Nein, nein. Nichts auf der Welt verschwindet für immer. Alles verwandelt sich nur."
„Aber das arme Rind! Das ist doch für immer verschwunden."
„Nein, es hat sich nur verwandelt! So wie die Sonnenstrahlen. Alles, was in der Welt ist, bleibt ewig da. Die Materie ist ewig. Genauso wie die Energie. Die verwandelt sich nur."
„Entschuldigt, das habe ich aber überhaupt nicht kapiert. Was ist Materie, und was ist Energie?"
„Oh, das ist auch eine sehr schwierige Frage! Das ist ungefähr so: zum Beispiel – du bist Energie. Die Wärme ist Energie. Der Strom ist Energie. Das, was das flammende Feuer ausstrahlt, ist Energie.
Jede Bewegung kommt nur durch Energie zustande. Die Sonne strahlt ununterbrochen Energie aus, weil auf ihrer Oberfläche und auch in ihrem Innern jede Sekunde Tausende von Atomexplosionen stattfinden. Dabei verwandeln sich winzige Stückchen Materie in Energie: in Licht und Wärme. Verstanden?"

„Nicht ganz", gab der Lichtstrahl zu. „Aber besser fragen, als unwissend bleiben. Stimmt's?"
„Stimmt. Was willst du denn noch fragen?"
„Was ist Materie?"
„Das ist ganz einfach: Alles was man auf irgendeine Weise anfassen kann, ist Materie. Die Energie kann man nicht anfassen. Die Wärme kann man aber fühlen und das Licht sehen. Ist es dir jetzt klar?"
„Noch nicht ganz."
„Was gibt es denn noch zu fragen?"
„Sind die Winde, die auf der Erde toben, Materie oder Energie?"
„Beides. Sie sind Materie, nämlich Luft. Die Luft ist in Bewegung, und das ist eine Form von Energie. Sie toben mit gewaltiger Energie. Ist dir jetzt alles klar?"
„Ich glaube, ja. Wenn die Luft ruhig ist, dann gibt es keinen Wind mehr, die Energie ist weg!"
„Stimmt nicht", seufzten die beiden Astronomen. „Energie verschwindet nicht, und genauso ist es auch mit der Materie. Beide

sind ewig. Sie waren ewig da, und sie bleiben auch ewig. Das einzige, was mit ihnen geschieht, ist, daß sie sich verwandeln. Sie verwandeln sich von einer Form in die andere."

„Heißt das, ich werde mich auch in etwas anderes verwandeln?"

„Eines Tages sicher."

Der Lichtstrahl überlegte. „Es ist komisch", sagte er, „je mehr ich frage, desto mehr Fragen kommen mir in den Kopf. Vielleicht werde ich nach jeder Antwort dümmer?"

„Ganz im Gegenteil."

„Aber warum ist das so?"

„Das werden wir dir mit einer Geschichte klarmachen. Vor Jahren lebte auf der Erde ein großer Wissenschaftler, Herr *Isaac Newton.* Eines Tages sagte er vor seinen Studenten einen berühmten Satz des Philosophen Sokrates: *Ich weiß, daß ich nichts weiß.*

Die Studenten widersprachen sofort: ‚Das ist nicht wahr, Herr Professor! Sie wissen mehr als jeder von uns!'

‚Stimmt. Aber ich habe trotzdem recht', antwortete Newton. Dann zeigte er auf die schwarze Tafel und fuhr fort: ‚Stellt euch vor, die ganze Tafel ist das, was wir nicht wissen.' Er zog mit der Kreide einen kleinen Kreis und füllte ihn weiß aus. ‚Und das hier ist das Wissen von jedem von euch.'

Dann malte er einen viel größeren Kreis. ‚Das ist das, was ich weiß ... Paßt jetzt gut auf. Seht ihr, daß ich viel mehr Berührungspunkte habe mit dem, was wir nicht wissen? Je größer mein Wissen ist, desto mehr erfahre ich, wieviel mehr noch zu erforschen ist. Ich weiß, wie wenig ich weiß.'

Der große Newton machte dann einen Punkt auf der schwarzen Tafel. ‚Das ist das, was ein ungebildeter Mensch weiß. Wie wir sehen, hat er kaum Berührungspunkte mit dem, was wir nicht wissen. Darum haben solche Menschen keine Zweifel und meinen, sie wüßten alles.'"

„Jetzt verstehe ich", sagte der Lichtstrahl: „Das heißt, je mehr ihr Menschen über die Sonne wißt, desto mehr neue Rätsel gibt euch euer Wissen auf."

„So ist es. Einiges wissen wir aber doch – und zwar sehr genau!"

„Zum Beispiel?"

„Wir wissen, daß die Sonne einen Durchmesser von 1 392 530 Kilometern hat. Auf diesen Durchmesser könnte man eine Kette von 109 Erden nebeneinander stellen. Wenn man um die Sonne eine Kette legen wollte, brauchte man 343 Erden. Weil die Erde einen Durchmesser von 12 738 Kilometern hat."

„Moment mal – was ist ein Kilometer? Woher haben die Menschen dieses Maß ‚Kilometer'?"

„Ein Kilometer, das sind eintausend Meter. Wissenschaftler haben den Meter als Maßeinheit festgelegt, indem sie vom Umfang der Erde ausgingen. Ein Meter ist der vierzigmillionste Teil des Erdumfangs, der durch Paris geht. Das ‚Urmeter' – aus Platin gemacht – wird deshalb auch in Paris aufbewahrt."

„Das habe ich verstanden. Und weiter."

„Wir wissen genau, daß das Leuchten der Sonne die Folge von Kernfusionen ist. Millionen Kernverschmelzungen finden dort in jeder Sekunde statt. Die sichtbare Oberfläche der Sonne nennen wir Photosphäre. Sie ist nicht fest wie die Erdoberfläche, sondern sie ist eine dünne Gasschicht. Unterhalb der Photosphäre wird es schnell heißer und fester. Im Zentrum, im Sonnenkern, sind es so um 15 Millionen Grad. Für uns Menschen ist das furchtbar viel, wenn wir uns überlegen, daß das Wasser bei 0 Grad gefriert und bei 100 Grad kocht."

„Auf der Oberfläche – woher ich komme – war es aber nicht so heiß", meinte der Lichtstrahl.

„Das wissen wir auch. Die Temperatur der Sonnenoberfläche ist so um 6 000 Grad. Bei den Sonnenflecken ist sie noch niedriger – wir haben 4 240 Grad gemessen."

„Das finde ich wunderbar", seufzte der Sonnenstrahl. „Ich finde es echt wunderbar, daß ihr Menschen aus so einer riesigen Entfernung die Temperatur der Sonne messen könnt! Ist das nicht ein Wunder?"

„Wenn du uns fragst, ist es ein noch größeres

Wunder, daß wir hier mit dir reden", antworteten die beiden Astronomen. „Das ist so ein Wunder, daß keiner es uns je glauben wird."
„Außer einem Schriftsteller", sagte ich.
Ich aß am Nebentisch einen Hamburger und hatte das ganze Gespräch mitgehört. Ihr

könnt euch vorstellen, wie verblüfft die drei waren! So haben wir uns kennengelernt.
Wir fuhren dann alle zusammen zu der Sonnenwarte. Die beiden Astronomen – sie hießen Tom und Dick – zeigten mir und dem Lichtstrahl viele Fotos von der Sonne. Sie erklärten uns, daß bei der Sonnenforschung Erdsatelliten wie Skylab und Solar Maximum Mission eine große Rolle spielten.

Der Lichtstrahl nahm auf den Rückflug eines der Fotos mit. Er wollte es unbedingt der Sonne zeigen.
Auch ich habe einige Fotos mitgenommen. So ist dieses Buch entstanden.
Was mit dem Sonnenstrahl weiter geschehen ist, weiß ich nicht. Der ist sicher irgendwo auf der Welt unterwegs. Oder er steckt vielleicht in einem Apfel, den ein Kind heute ißt. Daß er noch lebt, dessen bin ich mir sicher. Weil auf der Welt nichts verschwindet. Alles war ewig da und wird ewig dasein.

Inhalt

 **Eine Geisterreise um die Welt**

Das geheimnisvolle Buch   61

Wie viele Erdteile gibt es?   68

Ist die Erde rund?   72

Bekanntschaft mit den alten Griechen   88

Der Flug um die Erde   98

Das geheimnisvolle Buch

Zwei Geister wachen auf

Das Buch war groß. Wie zehn Schulbücher zusammen. Der Einband war aus Holz, mit Leder überzogen und mit Gold beschlagen. Das Buch war mit einem Vorhängeschloß abgeschlossen. Solche Bücher besaßen früher Fürsten und Könige. Heute kann man sie in Museen anschauen.
Der Direktor des Museums war sehr stolz, daß sein Museum das Buch vor einigen Tagen auf einer Auktion erworben hatte.
Er trug das Buch höchstpersönlich ganz, ganz vorsichtig, zu seinem Schreibtisch. Er wollte es allein durchblättern und bewundern, bevor es in einer Vitrine ausgestellt wurde.
Er nahm den Schlüssel für das Vorhänge-

schloß und öffnete es. Vorsichtig schlug er das Buch auf.

„Mein Gott, wie schön es ist", seufzte er. „Wie gut, daß unser Museum es kaufen konnte."

„Wie gut, daß er es gekauft hat", sagten gleichzeitig zwei Geister, seufzten erleichtert und flogen aus dem aufgeschlagenen Buch heraus.

Es waren zwei Langschläfer-Geister.

Sie waren vor einigen hundert Jahren in dem Buch eingeschlafen. Und als sie wach wurden, mußten sie feststellen, daß das Buch abgeschlossen war. Sie lagen plattgedrückt zwischen den Seiten wie in einem Gefängnis und konnten nicht heraus.

In ihrer tiefen Verzweiflung schliefen die Langschläfer-Geister wieder ein. Dann wurden sie wieder wach und stellten fest, daß das Buch noch immer zu war. Jetzt mußten die armen Langschläfer-Geister plattgedrückt zwischen den Seiten wach bleiben. Sie konnten diesmal nicht weiterschlafen, und dafür gab es einen ganz triftigen Grund: Die Langschläfer-Geister müssen alle hundert Jahre eine gute Tat tun. Sonst können sie nicht ruhig schlafen.

Es waren aber mehr als zweihundert Jahre vergangen, seit sie plattgedrückt zwischen den wunderschönen Buchseiten lagen. Sie wunderten sich darüber und fragten sich: „Was ist auf der Welt los? Warum öffnet kein Mensch das Buch? Können die Menschen vielleicht gar nicht mehr lesen? Weil sie nur fernsehen?"

Daß es inzwischen Fernsehen gab, wußten die Geister. Geister wissen sehr viel und ahnen auch viel voraus.

„So wird es sein", sagte der eine Geist zu dem anderen. „Die Menschen schauen ununterbrochen fern, und sie können gar nicht mehr lesen. Deshalb öffnet kein Mensch das Buch."

„Ja, so muß es sein," nickte der andere. „Sonst hätte man das Buch schon längst

geöffnet. Was machen wir nur?"
Die Geister ahnten nicht, daß das Buch die ganze Zeit in einem Banksafe gelegen hatte. Weil es sehr alt war und deshalb sehr, sehr teuer. Und niemand wußte natürlich, daß zwischen seinen Seiten zwei plattgedrückte, unglückliche Langschläfer-Geister lagen, die überhaupt nicht mehr schlafen konnten, weil sie seit viel zu langer Zeit keine gute Tat mehr vollbracht hatten.
Als der Museumsdirektor das Buch öffnete, flogen die Langschläfer-Geister heraus und setzten sich ans Fenster. Sie sahen ganz plattgedrückt aus. Einfach schrecklich.
„Ein Glück, daß wir noch fliegen können", sagten sie zueinander.
„Wir müssen sofort etwas Gutes tun."
„Das stimmt."
„Damit wir endlich wieder schlafen können", sagte der erste Geist.
„Wir waren ja so lange wach", gähnte der zweite.
Sie spitzten beide die Ohren, machten sie ganz, ganz lang und drehten sie nach allen

Richtungen. Und auf einmal strahlten ihre Augen. Sie wußten genau, was sie tun konnten.

*

Es war Sabine, die kleine Tochter des Museumsdirektors, zu der die Langschläfer-Geister flogen. Warum? Weil Sabine in ihrem Zimmer schrecklich heulte. Der Museumsdirektor hörte ihr Heulen aber nicht. Er war viel zu sehr mit dem alten Buch beschäftigt.

„Weine nicht, weine nicht", wisperten die beiden Langschläfer-Geister ihr ins Ohr, als sie ins Zimmer geflogen kamen.

„Warum weinst du denn überhaupt?"

„Weil die Kinder aus meiner Klasse über mich gelacht haben. Und Oliver gesagt hat, ich sei dumm", schluchzte Sabine.

„Wieso denn?"

„Weil ich nicht wußte, wieviel Erdteile die Erde hat."

„Und deshalb weinst du jetzt?"

„Weil ich schon wieder vergessen habe, wieviel Erdteile es sind."

Wie viele Erdteile gibt es?

Die Langschläfer-Geister kennen einen Trick

„Das ist ganz einfach zu behalten", meinte der erste Geist.
„Es sind so viele, wie du Finger an der Hand hast."
„Fünf."
„Genau. Wenn der Lehrer dich fragt, wie viele Erdteile es gibt, dann brauchst du nur deine Hand anzuschauen."
„Fünf. Das ist ja babyleicht", freute sich Sabine.
„Und dann gibt es noch einen Trick, wie man die Namen behält."
„Würdet ihr mir den verraten?"
„Es ist ganz einfach. Wenn du die Namen der Erdteile aufzählst, mußt du wieder an die ‚Fünf' denken, diesmal an den fünften Buchstaben: A–B–C–D–**E**. Mit ‚E' beginnt Europa,

und das nennst du immer zuerst. Alle anderen Erdteile beginnen mit ‚A': Asien, Afrika, Amerika und Australien. Ist das nicht babyleicht?"

„Stimmt. Darum haben alle gelacht, als ich sie nicht wußte. Und deshalb hat Oliver gesagt, ich sei dumm!"

„Dumm ist derjenige, der so etwas Dummes sagt. Natürlich bist du nicht dumm. Kein Kind ist heutzutage dumm. Was Kinder heute wissen, wußten früher nicht einmal die klügsten Lehrer, Wissenschaftler, Minister und sogar Könige. Das kannst du uns glauben."

„Wirklich?"

„Aber natürlich. Heute weiß zum Beispiel jedes Kind, daß unsere Erde rund wie eine Kugel ist. Meinst du, daß die Könige das früher gewußt hätten?"

„Wußten sie es etwa nicht?"

„Nein. Früher glaubten auch die klügsten Menschen, die Erde sei flach wie ein Teller. Niemand konnte sich die Erde rund wie einen Ball vorstellen."

„Woher wißt ihr das?"

Europa

Afrika

Asien

Amerika

Australien

„Woher? Wir waren ja dabei. Weißt du, was wir sind? Wir sind zwei Langschläfer-Geister."

„Was heißt das?" wunderte sich Sabine.

„Das heißt", erklärte ihr bereitwillig der erste Geist, „wir sind Geister, die sehr gern schlafen. Wir schlafen manchmal jahrhundertelang."

„Und wenn wir aufwachen", fügte der zweite hinzu, „dann wundern wir uns immer, wie klug die Menschen geworden sind. Nur diesmal sind wir nicht so sicher."

„Warum denn?"

„Wegen des Fernsehens. Die Menschen sehen viel zuviel in den Fernseher, anstatt miteinander zu reden oder zu lesen. Es kann sein, daß sie jetzt langsam dümmer werden. Ich könnte mir vorstellen, daß sie eines Tages Lesen und Schreiben verlernen."

Ist die Erde rund?

**Die Geschichte von Elefanten
und Glaskuppeln**

Jetzt wurde Sabine natürlich schrecklich neugierig. Sie vergaß zu weinen. Sie wollte sich die Langschläfer-Geister von allen Seiten ansehen.

Sie putzte sich die Nase, wischte sich die Tränen weg.

Und dann sagte sie: „Ihr seht aber sehr komisch aus, muß ich euch sagen."

„Wieso? Wir sehen aus wie ganz normale Langschläfer-Geister. Alle Langschläfer-Geister sehen genauso aus wie wir. Was findest du an uns komisch? Du hast sicher noch nie einen Langschläfer-Geist gesehen. Stimmt's?"

„Stimmt!" gab Sabine zu.

„Wir finden, daß die Menschen sehr komisch aussehen. Zum Beispiel – warum habt ihr keinen Schwanz? Wir haben uns darüber einmal mit Affen unterhalten. Sie fanden es auch sehr komisch, daß die Menschen keinen Schwanz haben."

„Ich finde das aber ganz normal", widersprach Sabine.

„Ja, so ist das. Jeder findet das normal, woran er gewöhnt ist. Aber keiner denkt darüber nach, daß das, was er normal findet, für andere manchmal gar nicht normal ist", sagte der erste Geist.

Der zweite meinte: „Wir könnten dir Wunderdinge darüber erzählen, wie sich ‚das Normale' im Laufe der Zeit verändert. Weil wir es immer wieder erleben, wenn wir nach einem Schläfchen aufwachen."

„Mir passiert so was nie", meinte Sabine.

Die Langschläfer-Geister lachten. „Dafür gibt es einen triftigen Grund, Mädchen", sagten sie. „Bei uns dauert so ein Schläfchen – bitte, fall jetzt nicht in Ohnmacht – mehrere Jahrhunderte. In dieser Zeit verändert sich das Normale oder das, was die Menschen für normal halten. Hohoho – wir könnten dir Sachen erzählen, du würdest dich wundern."

„Dann erzähl doch..."

„Wie wir dir schon gesagt haben: früher dachten die klügsten Menschen, die Erde sei flach wie ein Teller. Keiner konnte glauben, daß sie rund ist."

„Aber man kann die Rundung doch sehen", sagte Sabine. „Als Mama, Papa und ich letztes Jahr in Griechenland waren, haben wir die Sonnenuntergänge beobachtet. Da konnte man die Rundung echt sehen."

„Das stimmt. Aber früher sagten selbst die klügsten Menschen, eine Erde, rund wie ein Ball, sei unmöglich."

„Warum sollte das unmöglich sein?"

„Weil dann die Menschen auf der anderen Erdseite mit beiden Beinen nach oben stehen und mit dem Kopf nach unten gehen müßten. Dann müßte der Regen von unten nach oben fallen. Die Blumen und die Bäume müßten mit den Wurzeln nach oben wachsen und mit den Ästen und Halmen nach unten. In Wirklichkeit ist es ja auch so."

„Oh!" wunderte sich Sabine. „Das stimmt.

Merken die Menschen auf der anderen Erdseite das gar nicht?"

„Genausowenig, wie du es merkst."

„Ich stehe aber nicht auf der Erde mit den Füßen nach oben und dem Kopf nach unten."

„Doch, doch."

„Ihr spinnt ja."

„Für die Menschen, die auf der anderen Seite der Erde leben, stehst du echt mit dem Kopf nach unten. Denk nur darüber nach."

„Und warum falle ich dann nicht runter?" fragte Sabine.

„Weil die Erde dich mit großer Kraft festhält, du merkst es nur nicht. Das nennt man die Anziehungskraft der Erde."

„Es ist sehr schwer, sich das vorzustellen", sagten nach einer kurzen Denkpause die Geister. „Auch für uns, heute noch, obwohl wir es ganz genau wissen. Darum waren die Menschen jahrtausendelang davon überzeugt, daß die Erde flach sei. Wie ein Fladenbrot. Natürlich machten sie sich sehr viele Gedanken darüber, wo die Welt aufhört. Und in dieser Frage waren sie sehr oft ganz ver-

schiedener Meinung. Wir können dir noch mehr tolle Sachen darüber erzählen.
In Indien war man sicher, die flache Erde würde von drei riesigen Elefanten getragen. Warum Elefanten, ist ja klar. Nur Elefanten, meinten die Gelehrten, könnten eine so schwere Last wie die Erde tragen. Wenn die Elefanten sich von Zeit zu Zeit bewegten, käme es zu Erdbeben. Natürlich blieb die Frage, worauf denn diese Elefanten stünden, denn sie mußten ja auf irgend etwas stehen. Sie konnten ja nicht einfach in der Luft schweben wie Geister. Deshalb meinten die Gelehrten nach langem Überlegen, die Elefanten würden von einer riesigen Schildkröte getragen, die in einem Meer schwimmt.
Warum in einem Meer, wirst du sicher fragen.
Dafür gab es für die Menschen, die damals lebten, viele Beweise. Zum Beispiel: Ganz egal, in welche Richtung man reiste, immer stieß man ans Wasser. Ans Meer. Und dafür, daß die flache Erde im Wasser schwimmt, gab es für die Professoren noch andere

Beweise: Wenn man in die Erde bohrt, stößt man immer irgendwann auf Wasser. Sie glaubten, daß die flache Erde unten wie ein mit Wasser vollgesogener Schwamm sei. Deshalb könnten wir auch Brunnen graben."
„Aber auf der Welt gibt es Vulkane, die Feuer und heiße Steine ausspucken. Wußten das die Menschen damals nicht?" fragte Sabine.
„Doch, doch!" lachten die Geister. „Sie wußten es ganz genau. Aber sie überließen die Sache dem Teufel. Sie meinten, dort, wo die Erde Feuer spuckt, ist die Hölle. Dort sitzt der Teufel.
Im Norden, wo es keine Elefanten gibt, meinten die klügsten Menschen, die Erde stehe auf dem Rücken von drei riesengroßen Walfischen, die im Weltmeer schwimmen. Aber sie fragten sich auch: ‚Wo ist das Ende dieses Meeres? Wohin kommt man, wenn man in dem Weltmeer immer weiter segelt? Fällt man in einen Abgrund? Dann muß auch das Wasser des Meeres in diesen Abgrund fallen wie ein Wasserfall. Wenn aber das Wasser ewig in diesen unglaublich großen Abgrund

fällt, dann müßte das Weltmeer eigentlich eines Tages völlig leer sein!
Ja, so dachten die klügsten Menschen, und sie dachten weiter daran herum, und dann glaubten sie eine Antwort gefunden zu haben..."
„Daß die Erde rund ist!" rief Sabine.
„Nein, nein – daß das Weltmeer an einer Glaswand ende. Sie stellten sich vor, die flache Erde sei mit sieben Glaskuppeln bedeckt wie mit Käseglocken...
Auf diesen Glaskuppeln befänden sich die Sterne. Die Kuppeln würden durch eine göttliche Kraft gedreht. Darum sähe man, wie die

Sterne und der Mond sich jeden Tag einmal um die Erde drehen. Einige Kuppeln drehten sich schneller, andere langsamer. Nur die letzte Glaskuppel würde sich nicht drehen. Auf ihr lägen die unbeweglichen Sterne.
Die Gelehrten waren sich sicher: Irgendwann würde die Zeit kommen, wo die Menschen mit riesigen Schiffen bis ans Ende der Welt fahren würden, dorthin, wo die Himmelskuppeln das Meer berühren."
„Haben sie es auch versucht?" wollte Sabine wissen.
„Natürlich. Dabei haben sie einige Inseln entdeckt."

„Aber – warum glaubten sie an sieben Kuppeln?" fragte Sabine. „Warum nicht an drei oder vier oder fünf?"
„Weil die Menschen, die die Sterne beobachteten, entdeckten, daß die Himmelskörper verschiedene Bewegungen machten. Einige Sterne blieben immer an demselben Platz, wie angenagelt. Die nannte man die unbeweglichen Sterne. Viele andere Himmelskörper aber bewegten sich ununterbrochen. Und diese Bewegungen mußte man irgendwie erklären. Man ging von der Überzeugung aus, die Erde sei der Mittelpunkt des Universums. Man konnte sich gar nicht vorstellen, daß die Sterne, die wir nachts beobachten, tausend- und millionenmal größer als die Erde sind."
Jetzt war aber auch Sabine baff: „Sind die wirklich so groß? Warum sehen sie dann so klein aus?"
„Weil sie unwahrscheinlich weit von uns entfernt sind", erklärten ihr die Langschläfer-Geister.
„Wie weit?"

„Oh, das ist sehr schwer zu erklären. Du mußt jetzt deine ganze Vorstellungskraft anstrengen. Paß mal auf: Am schnellsten in der Welt bewegt sich das Licht. Mit dreihunderttausend Kilometern pro Sekunde. Kannst du dir das vorstellen?"

„Nein. Überhaupt nicht."

„Dann stell dir einen Lichtstrahl vor, der sich der Erde nähert. Wenn du dich mit seiner Geschwindigkeit bewegen könntest, würdest du in nur einer Sekunde – während du ‚eins' sagst – siebeneinhalbmal rund um die Erde fliegen. Oder 25mal von Deutschland nach Amerika und zurück."

„Ogottogott. Mir wird schon schwindlig, wenn ich nur daran denke", seufzte Sabine. Ihre Augen wurden kugelrund und sehr groß, weil sie sich alles sehr gut vorstellte.

„So ein Lichtstrahl braucht aber Hunderte und auch Tausende von Jahren, bis er von einem weit entfernten Stern zu uns kommt", sagten die Geister.

„Ist die Welt soooo groß?"

„Das nennt man Universum, Sabine. Und das

hat kein Ende. Es ist ewig und unendlich. Und weil die Entfernungen zwischen den Sternen so groß sind, mißt man sie nicht in Tausenden oder Zehntausenden von Kilometern, sondern in Lichtjahren. Du hast schon verstanden, was ein Lichtjahr ist?"

„Ja. Das ist der Weg, den ein Lichtstrahl in einem Jahr zurücklegt, wenn er fliegt."

„Du bist ein kluges Kind."

Sabine seufzte wieder: „Ich kann mir aber die Unendlichkeit nicht vorstellen. Ich versuche es und versuche es. Es gelingt mir einfach nicht."

„Das ist auch schwierig, weil ihr Menschen immer mit Dingen zu tun habt, die einen Anfang und ein Ende haben. Andererseits – so schwierig ist es auch nicht, wenn man an die Zahlen denkt."

„Und ... wie soll ich an die Zahlen denken?"

„Denk nur, daß du zu jeder Zahl noch eine dazuaddieren kannst. Tausend plus eins ... eine Million plus eins ... hundert Millionen plus eins ... Und so weiter und so weiter, unendlich weiter."

„Ihr Super-Langschläfer-Geister – ich glaube, ich habe es begriffen."
„Wir haben ja gesagt, du bist ein kluges Kind..."

Bekanntschaft mit den alten Griechen

Die Langschläfer-Geister zaubern

Die beiden Langschläfer-Geister wollten jetzt einschlafen. Sie dachten, die gute Tat hätten sie getan.
Sie gähnten schon.
Sie wollten sich verabschieden, um sich eine neue Schlafstelle zu suchen.
Aber Sabine hatte noch zu viele Fragen.
Als sie merkte, daß die Langschläfer-Geister sich bald auf die Socken machen wollten, begann sie wieder fürchterlich zu heulen:
„Uhuuu – uhuuu – uhhhhhuuu!"
„Was ist denn los mit dir?"
„Ihr habt mich so neugierig gemacht auf die Erde, und jetzt verschwindet ihr wieder."
„Wir möchten aber schlafen. Du vergißt – wir sind zwei Langschläfer-Geister", sagte der eine.

„Was wir am liebsten machen, ist schlafen", gähnte der andere.
„Was ich aber jetzt am liebsten mache, ist reden. Wenn ihr mich allein laßt, werde ich ewig weinen, eine Ewigkeit lang!"
„Du weißt doch gar nicht, was eine Ewigkeit ist", widersprachen die beiden Geister im Chor.
„Doch, doch. Ich werde immer weiterweinen. Auch wenn ich aufhören muß, werde ich immer wieder weiterweinen. Wenn ihr jetzt

weggeht, werde ich für immer unglücklich. Und ihr seid daran schuld."

„Wieso denn wir?"

Die Langschläfer-Geister schauten sich gegenseitig bestürzt an.

„Wenn das wahr ist, was die Kleine sagt", flüsterten sie sich zu, „dann werden wir nie mehr ruhig schlafen. Wir dürfen sie jetzt in keinem Fall allein lassen. Obwohl wir jetzt sooo gern schlafen würden."

Der erste gähnte.

Der zweite gähnte auch.

Dann gähnte wieder der erste.

Jetzt heulte Sabine ganz laut: „Uhuuu – huuu – huuu!"

„Bitte nicht weinen!"

„Nicht weinen!"

„Wir bleiben bei dir."
„Wir gehen nicht weg."
„Wir werden deine Geister sein. Bis du glücklich bist und uns schlafen läßt", versprachen die Langschläfer-Geister.
„Na gut. Dann tut was für mich."
„Was sollen wir tun?"
„Ihr seid zwei Geister. Langschläfer-Geister, aber dennoch Geister. Könntet ihr jetzt nicht auch noch andere Geister herbeirufen?"
„Was für Geister?"
„Zum Beispiel die Geister der klügsten Menschen aus früheren Jahrhunderten, die sich Gedanken über die Erde machten. Ruft sie her, und laßt sie reden."
„Das du aber keine Angst bekommst!" warnten die beiden.
„Ich habe keine Angst vor Geistern. Vor euch ja auch nicht. Geister können einem Menschen nichts Böses tun, weil sie Luft sind – eben Geister."
„Na gut. Dann paß mal auf. Wir rufen jetzt die Geister der alten Griechen. Der alten griechischen Philosophen. Gib uns deine Hände.

Wir werden einen Kreis bilden, uns an der Hand halten, und wenn wir alle zusammmen die Beschwörung singen, dann kommen die Geister, die wir rufen. Gib uns jetzt deine Hände und sage uns nach:

„Mister – Master – Meister,
kommt her ihr alten Geister.
Wiegen – Wagen – Wogen,
kommt hierher geflogen.
Keile – Pfeile – Seile,
kommt in großer Eile.
Pythagoras – Aristoteles – Ptolemäus –
wir warten auf euch."

Und jetzt, jetzt geschah das Wunder.
Ein Gesicht schwebte plötzlich in der Luft.
Ein Geist war da.
„Ich bin *Pythagoras*", sagte der Geist. „Ich habe im sechsten Jahrhundert vor Christi Geburt gelebt. Ich habe mich mit Philosophie, Geometrie und Mathematik beschäftigt. In der Schule lehrt man noch heute zweieinhalbtausend Jahre nach meinem

Tode – den *Lehrsatz des Pythagoras.* Ich war der erste Mensch, der auf den Gedanken kam, daß die Erde rund ist. Aber ich konnte es nicht beweisen. Es war damals unmöglich!"
Das Gesicht verschwand. Ein anderer Geist nahm seinen Platz ein.
„Ich bin *Aristoteles.* Ich habe zweihundert Jahre nach Pythagoras gelebt, und ich habe diesen großen Mann bewundert. Ich konnte beweisen, daß die Erde rund ist, aber nur wenige Menschen haben es mir geglaubt. Die Mehrheit lachte mich aus!"
Er verschwand auch.
Dann kam ein dritter Geist und flüsterte: „Ich bin *Claudius Ptolemäus* und habe zweihundert Jahre nach Christi Geburt gelebt. Ich war Mathematiker und Astronom bei Hofe. Über die Erde und das Universum dachte ich so: Wenn man ein neues Dorf baut, setzt man die Kirche und das Rathaus in die Mitte. Also muß die Erde in der Mitte der Welt stehen. Und die Sonne, der Mond und die Sterne müssen sich um sie herum drehen. Dieses Weltbild ist als *geozentrisches System*

bekannt geworden.
Aber es war ein großer Irrtum. Dieser Irrtum blieb mehr als tausend Jahre lang unangetastet. Die großen Seefahrer brachten den

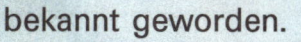

Beweis, daß die Erde rund ist. Aber man hielt fest an dem falschen Glauben, die Erde sei unbeweglich und das Zentrum des Weltalls. Die Astronomen forschten weiter. Und eines Tages kam ein Mann, der meiner Lehre den Todesstoß versetzte: *Nikolaus Kopernikus.* Er ist auch hier. Er folgt mir überallhin nach, weil wir ja zusammengehören. Kopernikus, würdest du dich endlich zeigen?"

„Ja, ja. Schrei nicht so. Ich bin hier."

Plötzlich zeigte sich ein neuer Geist und stellte sich vor:

„Ich bin Nikolaus Kopernikus. Im Jahre 1534 veröffentlichte ich mein Werk ‚Sechs Bücher über die Umläufe der Himmelskörper'. Darin stand geschrieben, daß die Sonne der Mittelpunkt ist, um den die Erde und die anderen Planeten kreisen. Viele waren damals gegen mich. Es war sehr schwer, die Erde plötzlich nicht mehr als Zentrum der Welt zu betrachten. Ein Astronom, *Giordano Bruno,* wurde deshalb auf dem Scheiterhaufen verbrannt."

„Auf dem Scheiterhaufen? Verbrannt? Weil er sagte, die Erde sei nicht der Mittelpunkt?!"

Sabine war empört. „Wer hat so etwas Scheußliches gemacht?"

„Die menschliche Dummheit, Kind. Es gab damals Leute, die dachten, sie könnten Gedanken verbrennen."

„Das tut mir aber schrecklich leid für ihn."

„Wieso? Durch diese dumme Tat ist *Giordano Bruno* für immer in die Geschichte der Menschheit eingegangen. Er wurde verbrannt und dadurch unsterblich."

Der Flug um die Erde

**Sabine staunt,
und die Geister gehen schlafen**

Jetzt wollten die beiden Langschläfer-Geister natürlich abhauen. Sie waren müde nach so vielem Reden und Geisterbeschwören. Aber Sabine wollte sie nicht weglassen. Sie hielt sie beide fest und sagte: „Jetzt habe ich noch einen Wunsch, liebe Langschläfer-Geister."
„Noch einen?"
„Ja. Ist das zuviel?"
„Sabine, wir möchten aber endlich wieder schlafen", jaulten die Geister.
„Ihr habt aber doch vorher so viel geschlafen. Das habt ihr selber zugegeben."
„Ja – aber sehr unbequem."
„Wir brauchen jetzt einen bequemen Platz, damit wir richtig schlafen können."

„So einen Platz kann ich euch zeigen. Dort wird euch keiner stören", versprach Sabine.
„Wo ist das? Wo?"
„Das zeige ich euch später. Wenn ihr mir meinen Wunsch erfüllt habt."
Die Geister gähnten. „Und was ist, wenn wir uns weigern?"
„Dann werde ich weinen. Ich werde euch festhalten und weinen."
„Bitte, bitte nicht. Bitte nicht."
„Sag uns besser deinen Wunsch."
„Ich möchte mit euch rund um die Erde fliegen. Nur einmal."
Die Geister schauten sich gegenseitig an. Einer fragte den anderen: „Was meinst du?" Dann sagten beide gleichzeitig: „Das läßt sich machen."
„Soll ich mich warm anziehen?" fragte Sabine.
„Das brauchst du nicht. Du mußt nur deine Augen schließen. Und sie nicht öffnen, bevor die Reise zu Ende ist. Wenn du die Augen vorher öffnest, dann wird die Reise unterbrochen: der Zauber wird weg sein. Dann

würdest du dich hier wiederfinden. Hast du uns verstanden?"

„Ja. Aber mit geschlossenen Augen kann ich ja nichts sehen."

„Doch. Du wirst alles sehen. Schließe deine Augen. Halte dich gut an uns fest. Wir fliegen schon."

„Gut. Ich tue alles, was ihr sagt."

„Merkst du jetzt, daß wir fliegen?"

„Ja! Wir fliegen schrecklich schnell, wie drei Raketen."

„Wir müssen so schnell fliegen, damit uns die Erde losläßt. Weißt du, die Erde zieht alles zu sich wie ein riesiger Magnet. Das nennt man die Anziehungskraft der Erde. Das ist das Gewicht von Menschen, Tieren, Dingen. Wenn etwas zwanzig Kilo wiegt, bedeutet das, daß die Erde es mit zwanzig Kilo Kraft zu sich zieht. Was siehst du jetzt?"

„Ich sehe die Meere und die Erdteile. Jetzt liegt die Erde wie ein großer blauer Ball unter uns. Mensch, ist sie schön! Ich sehe, daß wir uns dem Mond nähern, der über unseren Köpfen hängt."

„Gut. Und was siehst du jetzt?"
„Komisch. Die Erde ist plötzlich über uns. Wir fallen nach unten, zum Mond. Wie ist denn das passiert? Die Erde war doch die ganze Zeit unter uns. Wie kann sie auf einmal über uns sein?"
„Weil es im Weltall kein ‚Oben' und kein ‚Unten' gibt. Wenn wir jetzt auf die Erde zufliegen, wird es so aussehen, als ob sie unter uns läge."
„Das sehe ich schon. Jetzt sieht es genau so aus."
„Die weißen Flecken auf der Erde sind der Nordpol und der Südpol. Dort gleiten die Sonnenstrahlen an der Erde vorbei. Deshalb kann sie dort nicht warm werden. Und deshalb liegt dort ewiges Eis. Und in der Mitte, wo die Sonnenstrahlen fast senkrecht auf die Erde fallen, ist es am wärmsten. Dort liegen Afrika und Mittelamerika. Dort ist der Äquator."
„Verstehe."
„Jetzt paß auf, Sabine. Wir fliegen noch weiter. Jetzt fliegen wir schneller als das Licht.

So schnell, wie nur Gedanken fliegen können. Wir werden jetzt von weitem die Sonne beobachten und auch die anderen Planeten des Sonnensystems. Was siehst du jetzt?"
„Oh", wunderte sich Sabine. „Ich sehe die Sonne, wie ein wunderschöner, brennender Ball, riesengroß. Und die Planeten ... einer so groß wie ein Apfel, ein anderer so groß wie ein Fußball ... und noch mehrere. Und ich sehe auch die Erde, so groß wie eine Walnuß. Das hätte ich nie gedacht, daß sie so winzig ist im Vergleich zu den anderen Planeten im Weltall. Die Planeten drehen sich alle um die Sonne herum ... Aber sie bewegen sich auch gleichzeitig mit der Sonne zusammen, alle in eine Richtung. Sie machen gleichzeitig mehrere Bewegungen. Wohin fliegen sie?"
„Kind, das ist ein großes Rätsel. Wir wissen nur, daß sie sich alle bewegen. Wir wissen aber nicht, wo sie eines Tages ankommen werden. Du weißt, wir sind Geister, aber auch uns drehen sich schon die Köpfe, wenn wir daran denken.
Stell dir nur vor: Die Erde dreht sich erstens

ununterbrochen um ihre eigene Achse wie ein Kreisel. In der Höhe von Deutschland ist unsere Erd-Geschwindigkeit so um 130 Meter pro Sekunde – oder 1 200 Kilometer pro Stunde. Gleichzeitig kreist die Erde um die Sonne mit einer Geschwindigkeit von fast 30 Kilometern pro Sekunde – das sind 107 000 Kilometer pro Stunde.
Aber das ist noch nicht alles. Es geht weiter. Mit der Sonne und allen anderen Planeten zusammen fliegt die Erde auf die nächsten Sterne zu. Mit 70 000 Kilometern pro Stunde. Die Sonne und die Erde, zusammen mit den benachbarten Planeten bewegen sich um das Zentrum der Milchstraße mit 220 Kilometern pro Sekunde – das heißt mit 800 000 Kilometern pro Stunde. Das alles ist echt unvorstellbar. Darum öffne jetzt deine Augen. Wir sind zurück!"

Das stimmte.
Sabine öffnete die Augen und sah: Sie war wieder zu Hause. In ihrem Zimmer.

„Wenn ich erzählen werde, was ich gesehen habe – kein Mensch wird mir das glauben!" seufzte sie verwirrt.
„Doch!" sagten die Langschläfer-Geister. „Man wird es dir glauben. Wenn du zum Beispiel ein Buch schreibst."
„Ich kann aber kein Buch schreiben. Ich bin noch ein Kind. Ich bin kein Schriftsteller."
„Dann ruf mal einen Schriftsteller an. Erzähle ihm alles. Er kann ein Buch darüber schrei-

ben. Wir werden das Buch verzaubern. Wenn ein Kind es liest, dann die Augen zumacht und es sich sehr wünscht, dann kann es die gleiche Reise machen wie du. Es kann ins Weltall fliegen. Sogar das Sonnensystem verlassen. Wäre das nicht schön? Jetzt sage uns endlich, wo wir schlafen können."
„Bei uns im Keller. Ich zeige euch den Weg."
„Na endlich!" seufzten die Langschläfer-Geister müde.

Habt ihr jetzt mitgekriegt, wie dieses Buch entstanden ist?
Sabine hat mich angerufen und mir alles erzählt. Warum sie mich ausgewählt hat? Weil sie meine Erzähl-mir-Bücher kannte und dachte, ich würde die Geschichte lustig erzählen.
Wo die Langschläfer-Geister jetzt sind, weiß ich nicht.
Sie schnarchen sicher irgendwo.
Es hat mich nur gewundert, daß sie Sabine nicht mit *Galileo Galilei* bekannt gemacht

haben. Wißt ihr, wer Galileo Galilei gewesen ist? Das war der Mann, der vor rund 350 Jahren den berühmten Satz gesagt hat: „Und sie bewegt sich doch!" Damit war die Erde gemeint.

Das war im Jahre 1633. In Florenz war ein Jahr zuvor Galileos Buch erschienen: „Gespräch über die beiden Haupt-Weltsysteme, das ptolemäische und das kopernikanische". Darin stand, daß die Erde sich bewegt.

Die Menschen wollten das aber damals keinesfalls glauben.

Besonders die Kirche war empört, obwohl Galilei sein Buch dem Papst widmete. Galilei wurde vor ein Gericht gestellt. Er mußte das, was in seinem Buch stand, widerrufen. Und das hat er auch getan – weil er an das Schicksal des armen Giordano Bruno dachte.

Als er den Gerichtssaal verließ, soll Galilei aber geflüstert haben: „Und sie bewegt sich doch." Und das stimmte ja auch.

Jetzt wißt ihr mehr als die Langschläfer-Geister. Geister wissen eben auch nicht alles!

DIE ABENTEUER VON PLIMP + PLOMP

Inhalt

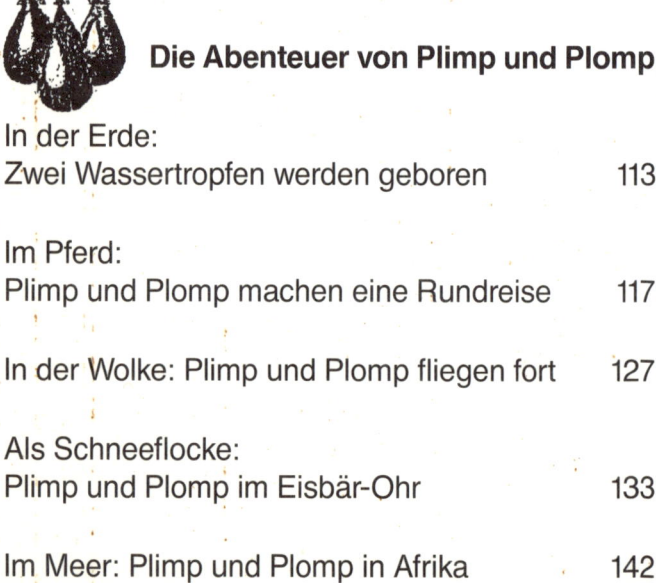

Die Abenteuer von Plimp und Plomp

In der Erde:
Zwei Wassertropfen werden geboren 113

Im Pferd:
Plimp und Plomp machen eine Rundreise 117

In der Wolke: Plimp und Plomp fliegen fort 127

Als Schneeflocke:
Plimp und Plomp im Eisbär-Ohr 133

Im Meer: Plimp und Plomp in Afrika 142

In der Erde

Zwei Wassertropfen werden geboren

Zwei Wassertropfen wurden in der Tiefe der Erde geboren. Aus Dämpfen, die nach einem Erdrutsch aus dem Erdinneren kamen. Die neugeborenen Wassertropfen rollten in einer Steinspalte abwärts und fielen in einen unterirdischen Bach. Dort schwammen sie einige Zeit stumm nebeneinander her. Sie brauchten Zeit, um zu begreifen, daß es sie nun gab.
Dann sagte der eine zum anderen: „Wie heißt du?"
„Plomp. Und du?"
„Ich heiße Plimp."
„Plimp? Du hast einen schönen Namen."
„Du auch."
„Wie bist du auf diesen schönen Namen gekommen?"

„Ganz einfach. Als ich geboren wurde und in den Bach hinunterfiel, machte es ‚plimp'. Da dachte ich, ich werde mich Plimp nennen. Und wie war es bei dir?"

„Genauso. Ich machte aber ‚plomp'. Da war mir sofort klar, daß ich Plomp heiße."

„Schön, daß wir uns gefunden haben, Plomp."

„Das meine ich auch, Plimp."

„Möchtest du, daß wir beide Freunde werden?"

„Gern."

„Dann müssen wir aber aufpassen, daß wir uns beim Schwimmen nicht aus den Augen verlieren."

„Hier ist es aber dunkel und heiß. Sogar sehr, sehr heiß."

„Weil ich ein heißer unterirdischer Bach bin", erklärte plötzlich der Bach, in dem sie schwammen. „Ich bin aber noch nicht einmal der heißeste. Es gibt noch viel heißere als mich. Es gibt unterirdische Bäche, die kochendes Wasser zur Erdoberfläche bringen. Dort sprudelt es heiß hinaus."

Die zwei Wassertropfen waren von dieser Erklärung sehr beeindruckt.
„Und wer macht dich so heiß?" wollten sie wissen. „Gibt's unter der Erde einen riesigen Ofen, der ununterbrochen brennt?"
„Ho-ho-ho" lachte der Bach und mit ihm die Felsen, durch die sein Weg führte. „Ho-ho-ho . . ."
„Du mußt nicht lachen. Antworte uns."
„Ihr fragt so dumm. Darum lache ich."
„Wir haben dich gefragt, weil wir es nicht wissen. Wir sind zwei sehr junge Wassertropfen. Daß wir überhaupt sprechen können, ist ein Wunder. Wir sind Plimp und Plomp. Und wir fragen so viel, weil wir viel wissen möchten. Dazu muß man viel lesen oder viel fragen. Hier gibt es aber keine Bücher, und wir können nicht lesen. Außerdem ist es sehr dunkel. Das einzige, was wir tun können, um viel zu wissen, ist fragen. Und unsere Frage ist gar nicht dumm. Wenn

hier alles so warm ist, daß es fast kocht, dann muß es in der Erde einen riesengroßen Ofen geben, der ununterbrochen brennt."

„Die ganze Erde ist ein riesengroßer Ofen", erklärte jetzt der Bach. „Darum ist es unter der Erde so warm. Je tiefer man geht, desto wärmer wird es. Pro 33 Meter Tiefe steigt die Temperatur um ein Grad. Es wird so heiß, daß die Steine schmelzen – sie werden zu Lava. Hier ist es nicht sehr tief, und darum bin ich nicht sehr heiß. Und je näher zur Erdoberfläche ich fließe, desto kühler werde ich."

„Kommen wir bald an die Erdoberfläche?" fragten die beiden Wassertropfen neugierig.

„Bald. Nur etwas Geduld."

„Ist es dort auch so dunkel wie hier?"

„Das kommt darauf an, wann ihr rauskommt. Nachts ist es auf der Erde dunkel. Am Tag ist es hell. Ihr werdet es sehen."

Gerade hatte er das gesagt, da wurde es plötzlich sehr hell.

Und die beiden Tropfen wußten: es war Tag. Sie waren auf der Erdoberfläche angekommen.

Im Pferd

Plimp und Plomp machen eine Rundreise

Es war wie ein Wunder. Die Tropfen hätten nie gedacht, daß es oben so schön sein könnte. Über dem Bach strahlte die Sonne. Die Ufer waren grün. Einige weiße Wolken zogen über den Himmel.
„Wohin gehen wir jetzt?" fragten die Tropfen den Bach. Denn sie wußten: er war viel klüger als sie. Er war schon ewig da und hatte viel, viel gesehen.
„Ich fließe zum Fluß", antwortete der Bach, „und von dort geht es weiter ins Meer. Es ist eine lange Reise. Aber ihr habt ja viel Zeit. Einmal geboren, werdet ihr ewig auf der Welt sein."
„Wirklich?" fragten Plimp und Plomp. „Wie sieht denn der Fluß aus?"
„Oh, er ist viel größer als ich. Er besteht aus

sehr vielen Bächen. Und das Meer ist noch größer. Dort sind so viele Wassertropfen, sage ich euch – ihr werdet dort verschwinden. Ihr werdet euch dort ganz verloren vorkommen."

„Das wollen wir aber nicht."

„Dann müßt ihr euch an der Wasseroberfläche halten. Und wenn ihr euch nicht verlieren wollt, haltet euch gegenseitig ganz, ganz fest. Jetzt fließe ich den Berg hinunter, und ich werde immer schneller und schneller laufen.

Haltet euch einfach fest."

„Danke, daß du uns das sagst."

„Wir möchten uns nicht verlieren."

„Zu zweit reisen ist viel lustiger."

Jetzt ging es wirklich steil nach unten. Nur ab und zu, wenn es weniger steil war, konnten die beiden Tropfen kurz ausruhen.

So ging es weiter und weiter, bis der Bach sich endlich beruhigte.

„Mensch, hattest du es aber eilig", sagten die Tropfen ganz erschöpft.

„Es war nicht meine Schuld", antwortete der Bach außer Atem. „Das war der Berg. Der war einfach viel zu steil. Und wenn er steil ist, dann muß ich ja nach unten rennen. Wasser läuft immer nach unten. Das müßt ihr wissen."

„Das haben wir auch verstanden", sagten die beiden Tropfen. Sie ließen sich ans Ufer treiben, wo der Bach viel ruhiger floß. Sie wollten Atem schöpfen. Sie beobachteten gerade eine Wolke am Himmel, als sie auf einmal einen komischen Kopf über sich bemerkten.

Es war ein Pferd, das trinken wollte.
„Wer bist du?" riefen Plimp und Plomp.
„Ich bin ein Pferd."
„Und was machst du hier?"
„Ich will Wasser trinken, weil ich Durst habe."
Und bevor die neugierigen Tropfen noch mehr fragen konnten, befanden sie sich auf der Zunge des Pferdes.
Die Zunge hob sich und ... es wurde wieder dunkel.
„Wo sind wir? Wo sind wir?"
„Plimp, kannst du was sehen?"
„Nein. Und du?"
„Ich auch nicht. Aber wir fließen wieder irgendwo nach unten."
„Ihr seid in einem Pferdemagen gelandet", hörten sie plötzlich eine tiefe Stimme.
„Wer bist du?"
„Ich bin der Magen."
„Und kannst du uns erklären, was wir hier sollen? Warum sind wir überhaupt hier?"
„Weil das Pferd euch braucht. Alle lebendigen Wesen brauchen Wasser."

„Und was wird jetzt mit uns geschehen?"
„Nichts Schlimmes. Ihr werdet euch jetzt mit dem Gras vermischen, das daß Pferd gegessen hat. Und dann werde ich euch aufsaugen, dann werdet ihr zu Blut. Und dann werdet ihr irgendwo im Körper des Pferdes landen."
„Wir möchten uns aber nicht trennen."
„Wir möchten zusammenbleiben."
„Niemand wird euch trennen. Ihr müßt euch nur festhalten."
Es kam genauso, wie der Pferdemagen gesagt hatte.
Die beiden Wassertropfen landeten im Blut des Pferdes, und von dort begannen sie durch seinen ganzen Körper zu laufen. Sie waren immer in Bewegung. Weil auch das Blut immer in Bewegung ist. Nur waren die Blutgefäße viel enger als der Bach. Und der Weg der Wassertropfen wiederholte sich immer wieder.
„Mir wird das schon langweilig", beklagte sich Plomp.
„Mir auch", stimmte Plimp zu.

„Draußen war es viel schöner. Hier sieht man nur Blutgefäße und Fleisch."
„Werden wir hier ewig bleiben?"
Sie beschlossen, das Pferdeherz zu fragen, weil sie immer wieder durch das Herz fließen mußten.
„Wenn ihr nach draußen wollt", belehrte sie das Herz, „müßt ihr versuchen, zur Haut durchzukommen. Wartet, bis das Pferd zu laufen beginnt. Wenn ihr dann in der Nähe seiner Haut seid, werdet ihr als Schweiß herauskommen, wenn ihr Glück habt."
„Na gut. Wir versuchen es", sagten Plimp und Plomp. Sie bedankten sich und flossen weiter. Sie suchten sich einen Platz auf der Stirn des Pferdes.
Dort mußten sie warten.
Wie lange sie warteten, wußten sie selber nicht. Weil Wassertropfen ja keine Uhren haben. Aber plötzlich fühlten sie, wie die Pferdestirn immer wärmer wurde. Das Blut pulsierte immer schneller und schneller. Es war soweit.
„Wir müssen beieinanderbleiben."

„Halte mich fest, Plomp."
„Halte mich fest, Plimp."
Sie fühlten, daß sie nach draußen mußten. Der Pferdekörper wollte sie plötzlich nicht mehr haben.
Auf einmal erblickten sie wieder den Himmel. Und sie sahen etwas Wunderbares: das Pferd rannte mit anderen Pferden um die Wette. Es war ein Pferderennen. Ein Mann ritt auf dem Pferd, und seine Stirn war auch mit Schweißtropfen bedeckt.

Plimp und Plomp wollten die anderen Tropfen fragen, wie ein Menschenkörper von innen aussieht, hatten aber keine Zeit dazu, weil sie auf den Boden tropften. Der Boden war aber so warm, daß sie sich auf einmal in Dampf verwandelten.

In der Wolke

Plimp und Plomp fliegen fort

„Wir fliegen! Wir fliegen! Halte dich an mir fest, Plimp!"
„Ich halte dich fest, Plomp."
„Weißt du, was mit uns geschehen ist?"
„Keine Ahnung. Und du?"
„Ich weiß es auch nicht."
„Ihr seid einfach zu Dampf geworden", erklärte ihnen ein anderer Wassertropfen, der neben ihnen flog. „Das habe ich schon hundertmal erlebt – ach was, vielleicht sogar tausendmal. Oder vielleicht noch viel, viel öfter. Bis soviel kann ich gar nicht zählen. Es ist ein ewiges Hin und Her."
„Was ist ein ewiges Hin und Her?"
„Zu Dampf werden. Und dann wieder zu Wasser werden. Und dann zu Dampf werden. Und dann zu Wasser werden. Dampf, Wolke,

Regen, Wasser, wieder Dampf, wieder Wolke, wieder Regen, wieder Wasser... Habt ihr das noch nie erlebt?"
„Nein."
„Wir sind zwei ganz junge Wassertropfen."
„Wir sind erst vor kurzer Zeit aus dem Erdinneren gekommen."
„Für uns ist es das erste Mal, daß wir zu Dampf werden."
„Na ja, darum seht ihr auch so dämlich aus", meinte hochnäsig der alte Wassertropfen.
„Du darfst uns nicht beleidigen."
„Entschuldigt, aber ich habe bis jetzt noch nie Wassertropfen getroffen, die sich wundern, daß sie zu Dampf werden. Ich weiß wirklich nicht mehr, wieviele Male ich zu Dampf geworden bin. Und ich sage euch, ich war schon überall: Einmal hat man mich sogar als Suppe aufgegessen, einmal war ich in einer Erdbeere, einmal in einer Limodose. Danach landete ich in einer Toilette. Dort stank es fürchterlich. Ich brauchte Jahre, bis ich wieder auf die Erdoberfläche kam. Gottseidank wieder sauber, wie es sich für einen

Wassertropfen gehört. Mehrmals war ich auch Schnee."

„Warst du auch im Meer?" wollten Plimp und Plomp wissen. „Der Bach hat uns erzählt, daß es Flüsse und auch Meere gibt. Im Meer, sagt er, leben viele, viele Wassertropfen. So viele, daß man sich dort ganz verloren vorkommt."

„Nein, im Meer war ich noch nicht. Ein Wassertropfen kann sein Schicksal nicht selber

bestimmen. Es ist so: wir werden alle zusammen irgendwann eine Wolke bilden. Und wohin diese Wolke fliegt und wo sie zu Regen wird, das weiß nur der Wind. Aber vielleicht weiß er es auch nicht. Das weiß nur der Zufall."

„Warum nur der Zufall?"

„Weil niemand weiß, wann wir auf kältere Luft treffen. Wir sind zu Dampf geworden, weil wir Wärme geschluckt haben. Wenn kalte Luft kommt und uns die Wärme wegnimmt, dann werden wir wieder zu Wassertropfen. Dann müssen wir auf die Erde fallen, und was dort geschieht, das weiß wirklich niemand."

„Warum niemand?"

„Versteht ihr das nicht?"

„Nein. Überhaupt nicht."

„Es hängt alles davon ab, wohin wir fallen. Wenn wir auf eine Straße fallen, dann verdunsten wir vielleicht wieder sofort und fliegen wieder. Oder wir kommen in die Kanalisation.

Und von dort können wir zu einem Fluß kommen. Wenn wir auf ein Feld fallen, dann verschlucken uns die Blumen oder die Bäume, oder wir landen vielleicht in einem Weinberg und werden zu Weintrauben."

„Und was geschieht dann?"

„Es kann alles geschehen. Ein Vogel kann die Weintraube aufpicken, und dann seid ihr plötzlich in ihm. Oder ein Weinbauer wird aus der Traube Wein machen. Dann landet ihr in einer Flasche und bleibt vielleicht zehn Jahre dort, bis irgend jemand die Flasche austrinkt."

„Zehn Jahre in einer Flasche?"

„Wie im Gefängnis!"

„Das war nur ein Beispiel. Was jetzt geschieht, weiß wirklich niemand."

Ein Windstoß hob Plimp und Plomp auf einmal so hoch, daß sie den anderen Wassertropfen verloren. Dann flogen sie alle sehr, sehr schnell.

Der Wind hob sie immer höher und höher. Und trug sie immer schneller und schneller davon.

Als Schneeflocke

Plimp und Plomp im Eisbär-Ohr

Es war kein gewöhnlicher Wind. Es war ein Sturmwind, ein Orkan.
„Wind, wohin trägst du uns?" wollten Plimp und Plomp wissen.
„Das weiß ich selber nicht", heulte der Wind. „Jetzt fliege ich nach Norden. Ich bin ziemlich lange nicht dort gewesen. Warum fragt ihr?"
„Weil wir ganz neue Wassertropfen sind. Wir sind vor kurzem aus dem Erdinneren gekommen."
„Wie sieht es da drin denn aus? Ich bin nie im Erdinneren gewesen, ich kann ja dort gar nicht eindringen. Aber weil ich so neugierig bin, möchte ich es gern wissen, wie es da ist."
„Dunkel und warm. Nichts Besonderes."
„Nichts Besonderes, sagt ihr? Habt ihr nie

kostbare Steine da unten gesehen? Diamanten, glitzernd wie die Sonne, Rubine, rot wie das Blut, Smaragde, grün wie das Gras, Mondstein, der geheimnisvoll wie der Mond aussieht?"

„Nein. Wir haben nur schwarzes Gestein gesehen und einen unterirdischen Bach."

„Dann kennt ihr das Erdinnere überhaupt nicht", meinte der Wind. „Weil ich so viel reise, habe ich auch sehr viel erfahren. Ich habe einmal mit einem Vulkan gesprochen, der viel Lava, das ist glühendes Gestein, ausspuckte. Er hat mir vom Erdinneren erzählt. Ich habe auch Diamanten gesehen, als ich einmal am Ohr einer reichen Dame vorbeistrich."

„Solche schönen Sachen haben wir noch nicht gesehen", erklärten Plimp und Plomp.
„Wir sind noch ganz, ganz jung und kaum gereist."
„Wir haben nur das Innere von einem Pferd gesehen."
„Und auch mit seinem Magen gesprochen."
„Und mit dem Herzen."
„Wir sind durch seine Gefäße geflossen."
„Und dann auf seiner Stirn als Schweiß herausgekommen."
„Ein Pferdinneres habe ich auch noch nie gesehen", heulte der Wind, „in ein Pferd reinzukommen ist für mich ja gar nicht möglich."
Er trug die Wassertropfen höher und höher, und das tagelang. Es war eine turbulente Reise. Die Wassertropfen flogen über Berge und Wälder, über Dörfer und Felder. Dann kamen sie über ein Meer. Daß es so viel Wasser auf der Welt gibt, wunderte sie sehr.
„Ist das da unten alles Wasser?" fragten sie den Wind sehr erstaunt.
„Natürlich ist das alles Wasser. Auf der Erde ist mehr Wasser als Land. Zweimal soviel

Wasser wie Land, sage ich euch."
"Das hätten wir nie gedacht."
"Stimmt das wirklich?"
"Die Menschen haben es schon längst gemessen", sagte der Wind, "und ihr werdet es auch bald merken. Ihr braucht nur einige Weltrundreisen zu machen. Und das werdet ihr tun, wie ich euch kenne. Ihr seid die neugierigsten Wassertropfen, die ich je getroffen habe."
"Oh, wir werden es jedenfalls versuchen", meinten Plimp und Plomp, "wir müssen nur aufpassen, daß uns nicht wieder ein Pferd verschluckt."
"Alle lebendigen Wesen brauchen Wasser", meinte der Wind. "Ohne Wasser können sie ja gar nicht leben. Ihr selber wißt ja gar nicht, wie wichtig ihr seid. Alles, was sich auf der Welt bewegt, besteht hauptsächlich – ihr werdet es kaum glauben – aus Wasser. Tiere, Menschen, Fische ... es gibt lebendige Wesen, die fast ausschließlich aus Wasser bestehen."
"Nein, das kann nicht wahr sein!"

„Doch. Zum Beispiel Quallen. Wenn man aus einer großen Qualle das ganze Wasser herauspressen würde, dann würde sie kleiner als eine Mücke werden. Und wenn man das mit einem Elefanten täte, dann wäre er nicht größer als ein Schäferhund."

„Das können wir nicht beurteilen", meinten die zwei Wassertropfen, „wir haben noch nie einen Elefanten und auch noch keinen Schäferhund gesehen. Was ist denn das?"

„Oh, entschuldigt. Das sind Tiere."

„Meinst du, wir werden sie eines Tages sehen?"

„Da bin ich mir sicher. Aber vorher seht ihr etwas ganz anderes: Eisbären", heulte der Wind und flog noch schneller.

„Oh, ist mir kalt!" rief plötzlich Plomp.

„Ich friere auch schon", sagte Plimp.

„Ich werde schon ganz starr vor Kälte."

„Ich auch."

„Halte dich an mir fest, Plimp."

„Halte dich an mir fest, Plomp."

Sie hielten sich gegenseitig fest, und so wurden sie zu einer großen Schneeflocke, die

weiter mit dem Wind flog.
Es war Nacht, und die beiden konnten nicht sehen, wohin sie überhaupt flogen. Plötzlich gab es einen Riesenwirbel.

„Wind, warte! Uns ist noch schwindlig."
Aber der Wind lachte nur.
„Hörst du nicht? Uns ist ganz schwindlig!" riefen Plimp und Plomp so laut sie nur konnten. Aber der Wind hörte sie gar nicht, weil sich Millionen Schneeflocken gleichzeitig beklagten und schrien: „Der Wind soll ein bißchen ruhiger sein, uns ist ganz schwindlig!"
Die Eskimos, die in ihren Iglus saßen, sagten in dieser Nacht: „So einen Sturm haben wir seit Jahren nicht erlebt."
Endlich wurde das Schneetreiben ruhiger.
„Ich habe für euch einen schönen Platz gefunden", flüsterte plötzlich der Wind Plimp und Plomp zu. „Jetzt werdet ihr sehen, was ein Eisbär ist."
Und bevor sie sich bedanken konnten, setzte er sie auf dem Ohr eines im Schnee schlafenden Eisbären ab.
Das Ohr war warm, und Plimp und Plomp wurden auf einmal wieder flüssig. Aber das dauerte nur einige Minuten, dann begannen sie wieder zu frieren. Und jetzt bildeten sie

ein Eiszäpfchen, das sich an einem Haar des Eisbären festklammerte.

„Jetzt haben wir uns schon wieder verändert", meinten Plimp und Plomp.

„Was sind wir denn jetzt?" fragte Plimp.

„Keine Ahnung", sagte Plomp.

Sie waren von der Reise so erschöpft, daß sie gleich einschliefen.

Als sie aufwachten, strahlte die Sonne, und alles rundherum war weiß. Nur der Himmel war blau und das Wasser des Meeres. Der Bär war auch weiß wie der Schnee. Als er aufstand und spazierenging, konnten Plimp und Plomp die ganze Schneelandschaft rundherum sehen.

Es war bitterkalt, aber das machte dem Bären anscheinend gar nichts aus. Er trottete ein bißchen im Schnee herum, und dann ging er zielstrebig zum Wasser.

Was wollte er tun?

Bei dieser Kälte baden?

Nein. Er wollte jagen. Weil er Hunger hatte. Er sprang ins Wasser und tauchte unter. Und mit ihm Plimp und Plomp.

Im Meer

Plimp und Plomp in Afrika

Im Wasser wurden sie natürlich sofort flüssig, und auf einmal schwammen sie frei. Der Eiszapfen hatte sich aufgelöst. Sie hielten sich aneinander fest, und weil sie so klug waren, schwammen sie zur Oberfläche. Sie wollten nicht ewig in der Tiefe des Meeres bleiben.
Ein Fisch schwamm mit offenem Maul auf die beiden zu.

„Er wird uns verschlucken!" meinten entsetzt die beiden Wassertropfen, aber sie hatten keine Beine und konnten nicht weglaufen. Andererseits wollten sie nicht in einem Fischbauch landen. Sie wollten reisen. Sie waren viel zu neugierig.

Zu ihrem großen Staunen landeten sie statt im Bauch des Fisches in seinen Kiemen – und flossen wieder ins Meer zurück.

Was war denn das?

„Die Fische treiben immer Wasser durch ihre Kiemen", erklärten ihnen andere Wassertropfen, die in der Nähe schwammen. „So atmen sie."

„Das heißt, ohne Wasser können sie gar nicht leben?"

„So ist es."

„Wir wußten nicht, daß wir so wichtig sind", meinten Plimp und Plomp. „Der Wind hat uns das erzählt, aber wir haben es ihm nicht recht geglaubt."

„Auch die Menschen können ohne Wasser nicht leben. Die Pflanzen auch nicht. Ohne Wasser würde die Welt zu einer Steinwüste."

„Wir haben nie eine Steinwüste gesehen. Wir haben noch nie eine Weltreise gemacht."

„Wir sind so neugierig, alles zu sehen."

„Dann haltet euch an der Oberfläche. Geht nicht unter. Hier ist eine Strömung, und die wird euch in warme Gewässer bringen. Wenn ihr die Sonne seht, versucht mal, Sonnenstrahlen zu schlucken, soviel wie ihr könnt. Die Sonnenstrahlen werden euch in Dampf verwandeln. Und dann geht es wieder los!"

Die Wassertropfen folgten dem Rat.

Bald fühlten sie die Strömung, die immer schneller und schneller wurde. Sie erinnerten sich an den Bach, der sie an die Oberfläche der Erde gebracht hatte. Diese Strömung hier war viel stärker und viel mächtiger. Wie ein großer Fluß.

„Daß es in einem Meer Flüsse gibt, hätte ich nie gedacht, Plimp."

„Ich auch nicht, Plomp."

Sie ließen sich in der Strömung treiben, tagelang. Bald verschwanden die Eisberge.

Es wurde immer wärmer. Und die Fische wurden größer und farbiger.
Wie lange die Tropfen geschwommen waren, wußten sie beide nicht. Sie merkten nur, daß die Sonne immer wärmer wurde.
Die Sonnenstrahlen kitzelten sie und lockten: „Wassertröpfchen – möchtet ihr nicht mit uns fliegen?"

Die Strahlen wurden immer aufdringlicher und immer stärker und wärmer. Und eines Tages flogen Plimp und Plomp mit den Sonnenstrahlen zum Himmel. Alles ging ganz einfach. Sie hatten einen warmen Sonnenstrahl verschluckt und wurden zu Dampf. Von oben konnten sie die Erde wieder erblicken. Und sie sah diesmal ganz anders aus als vorher im hohen Norden. Grüne, unendliche Wälder waren zu sehen, Steppen, von Flüssen durchquert, und viele Tiere. Da sahen Plimp und Plomp zum ersten Mal Elefanten und Löwen und Tausende von Affen. Sie waren von diesen Bildern so begeistert, daß sie mit der ganzen Wolke nach unten gingen.

Und weil sich in der Wolke immer mehr Wassertropfen sammelten, wurde sie immer schwerer und dunkler. Bald brach ein tropisches Gewitter aus, und Plimp und Plomp verwandelten sich von Dampf wieder zu Wasser. Als Regen fielen sie auf die Erde. „Schade", sagten sie zueinander, als sie kurz auf einem Baum landeten. „Wir wollten so gern noch oben bleiben, um das Leben unten zu beobachten."

Vom Baum tropften sie auf die Erde. Und die Erde saugte sie sofort auf.
Sie dachten, sie würden jetzt wieder irgendwo nach unten zurücksinken, in einen unterirdischen Bach. Aber sie täuschten sich, weil bald wieder die Sonne schien und ihre heißen Strahlen mit aller Kraft auf den Boden trafen. Plimp und Plomp begannen sofort, die Sonnenstrahlen zu fressen, und gleichzeitig fühlten sie, wie sie wieder in die Höhe schwebten.
Die Erde dampfte. Am Abend waren Plimp und Plomp mit anderen Wassertropfen oben in einer Wolke vereint.

Sie schauten wieder nach unten und sahen Elefanten friedlich grasen, Löwen ruhig schlafen, und sie sahen Tausende von Affen, die von Baum zu Baum sprangen und schrecklichen Krach machten. Diesmal sahen sie auch viele bunte Papageien, die aufgeregt miteinander redeten.

Und das machte die
beiden Wassertropfen
wieder neugierig.
Damit sie alles
besser sehen und
hören konnten, ließen
sie sich wieder weiter
hinunterfallen. Aber nicht allein, sondern mit
Tausenden anderer Wassertropfen. Die neue
Wolke wurde wieder schwerer und dunkler.
Wieder entlud sich ein tropisches Gewitter.
Und Plimp und Plomp platschten als Regen
auf die Erde. Das machte ihnen Spaß. Es war
wie im Karussell, im Riesenrad. Gerade auf
dem warmen Boden angekommen, mußten
sie wieder verdampfen. Und wieder nach
oben fliegen.
In Afrika war die Regenzeit angebrochen.
Ob Plimp und Plomp noch in Afrika sind,
weiß ich nicht. Vielleicht sind sie irgendwann
weitergeflogen. Vielleicht fallen sie mit dem
nächsten Regen an deine Fensterscheibe. Du
mußt auf zwei Wassertropfen achten, die
beim Fallen „plimp" und „plomp" machen.

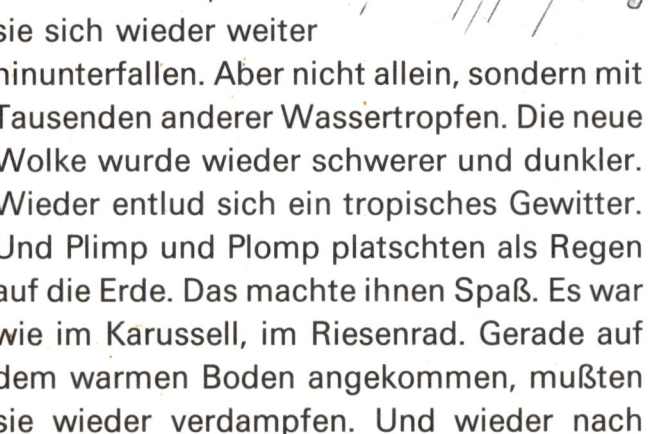

Die Deutsche Bibliothek - CIP-Einheitsaufnahme

Ist die Erde rund ? : Geschichten für Neugierige / Dimiter Inkiow. Ill. von Michaela Reiner. - München : F. Schneider, 1993
  ISBN 3-505-04889-5

(c) 1993 by Franz Schneider Verlag GmbH
Frankfurter Ring 150 . 8000 München 40
Alle Rechte vorbehalten
Titelbild und Illustrationen: Michaela Reiner
Umschlaggestaltung: Claudia Böhmer
Lektorat: Helga Jokl
Druck: Staudigl-Druck GmbH, Donauwörth
ISBN: 3-505-04889-5